JN299601

自分でも驚くほど成績が上がる勉強法

清水章弘
Akihiro Shimizu

中学高校の講演でも人気の東大院生!

実務教育出版

必殺！ノートぜいたく使用術

日本の平和主義　　　　　　　　　　　　　　　　　　　　　　　　　　　No.13 －①
　　　　　　　　　　　　　　　教 P 62~63、166~171 資 P 30~31

1. 日本国憲法第9条
第一項「日本国民は、正義と秩序を基調とする（ 国際平和 ）を誠実に希求し、
　（ 国権の発動たる戦争 ）と、（ 武力による威嚇又は武力の行使 ）は、
　国際紛争を解決する手段としては、永久にこれを（ 放棄 ）する」
第二項「前項の目的を達するため、（ 陸海空軍その他の戦力 ）は、これを保持し
　ない。（ 国の交戦権 ）は、これを認めない。」
＊日本国憲法制定の経緯はすでに学習済み
　GHQの考え方＝日本の（ 軍国 ）主義を阻止 ex. 5.15事件, 2.26事件
　憲法第9条に対する国民の世論：変更しない方がよい（ 74 ）％（教科書 p 62）

2. 戦後世界の動きと自衛隊
①冷戦の成立　[東側]　　　　　　　　　　　　　　　　　[西側]
　　（ ソ連 ）　　　　　　　⇔　　　　　　アメリカ合衆国
　　中華人民共和国（1949成立）　　　　　　英、仏、西（ USA ）
　　ヴェトナム、北朝鮮、　　　　　　　　　日本など
　　キューバなど
　　　　‖　　　　　　　　　　　　　　　　　　‖
　　東側＝（ 社会 ）主義国　　激しい　　　西側＝（ 資本 ）主義国
　　政治のしくみ：（ 一党 ）独裁　（ 核 ）　　（ 複数 ）政党制
　　経済のしくみ：（ 計画 ）経済　　開発　　（ 市場 ）主義経済

> 板書やプリントは2色ぐらいで書くのがベスト

②自衛隊の成立
　1950年（ 朝鮮戦争 ）のはじまり：米ソによる南北分断
　　USA：国連軍を形成して南を支援
　　ソ連：北側の朝鮮統一の動き、中共の支援 → 1953 休戦協定（板門店）
　→ USAの対日観の転換 ＝ 日本は（ 社会 ）主義の防波堤
　　　　　　　　　　　→（ 警察予備隊 ）の結成　→ 保安隊
　　　　　　　　　　　→（ 自衛隊 ）の成立（1954年）

> 1950. 朝鮮戦
> 北朝鮮… 金日
> 韓国
> └ 国連軍(USA)
> 1953. 休戦協定

③日本の戦争終結＝1951年 サンフランシスコ講和会議
　参加国：USA、英、仏など ＝ 資本主義国（西側諸国）　　国連 [東] ソ連
　招待されず：中共など　　　　　　　　　　　　　　　　[西] アメリカ
　調印を拒否：ソ連など＝（ 社会 ）主義国（東側諸国）　　イギリス
　→ サンフランシスコ平和条約の成立＝日本の（ 独立 ）　　フランス
　　ただし、小笠原諸島（1968返還）、沖縄（1972返還）の米軍占領　中国
→ 同時に（ 日米安全保障条約 ）条約の締結
　内容：日本が他国に攻撃されたとき：米軍が支援する。
　　　　　　　　　　　　　　よって、米軍は日本国内に軍事基地をもつ
　　　　米国が攻撃されたとき：日本は関らない。

> アメリカが国連に軍隊を要請した時、ソ連は中国と台湾問題があったため参加していなかった。そのためアメリカの要請がすぐに通った

プリント中心の授業で実践してみよう！ ①ノートの左ページにプリントを貼る。②右ページに授業の内容をひたすらメモする。

➡授業に自然と集中できるようになります！ （➡ 21 ページ）

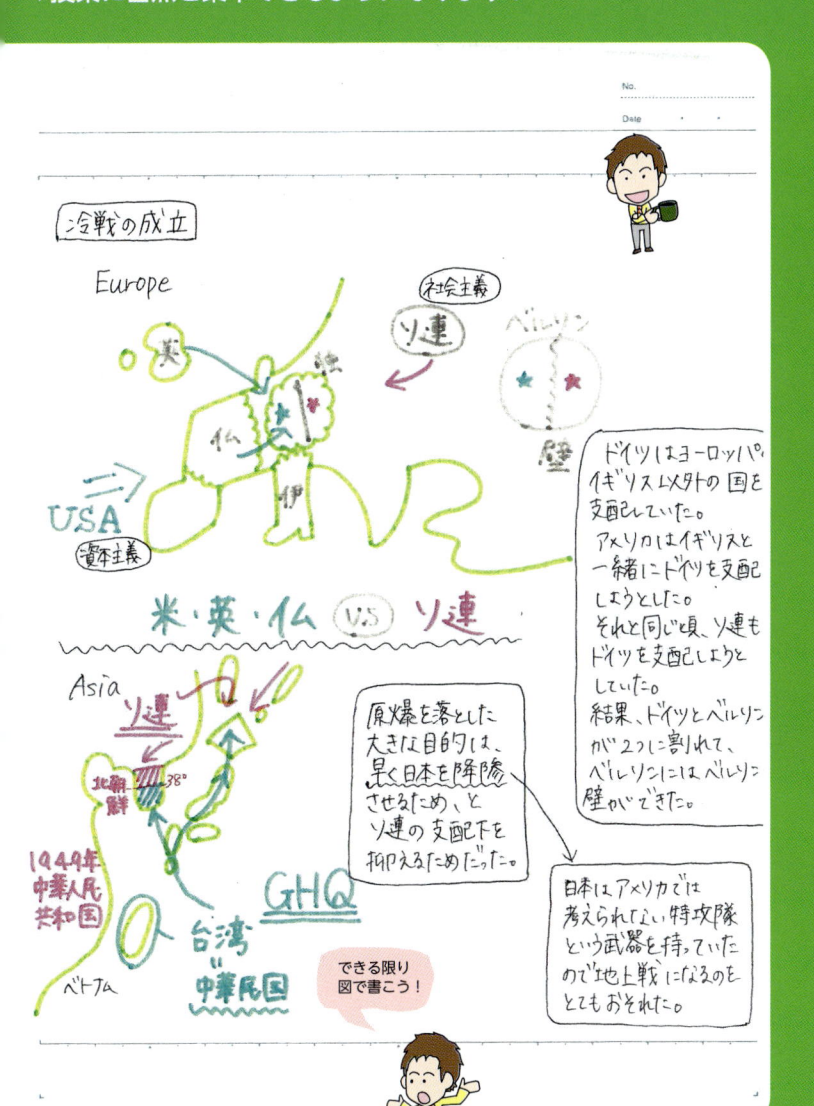

冷戦の成立

Europe
社会主義
ソ連
英
仏 独 伊
ベルリン
壁

USA
資本主義

米・英・仏 VS ソ連

ドイツはヨーロッパ、イギリス以外の国を支配していた。
アメリカはイギリスと一緒にドイツを支配しようとした。
それと同じ頃、ソ連もドイツを支配しようとしていた。
結果、ドイツとベルリンが2つに割れて、ベルリンにはベルリンの壁ができた。

Asia
ソ連
北朝鮮 38°
1949年
中華人民共和国
GHQ
台湾
＝中華民国
ベトナム

原爆を落とした大きな目的は、早く日本を降伏させるため、とソ連の支配下を抑えるためだった。

日本はアメリカでは考えられない特攻隊という武器を持っていたので地上戦になるのをとてもおそれた。

できる限り図で書こう！

必殺！消える化ノート術

①オレンジペンと赤シートを用意！　②重要なポイントや暗記したい箇所をオレンジペンで書く。③赤シートをかぶせると消えるので、これで暗記する！

➡ ノートを問題集のように使えば、効果抜群です！　　（➡ 27ページ）

2色だと見栄えがよくない……？

赤シートで消せるのです！これは便利！

はじめに

　世の中に「自分の成績を下げたい」と思う人は、いないと思います。
　小学生でも大学受験生でも、資格試験の勉強をしている社会人の方々でも、同じでしょう。

　そして、多くの人は、こう考えているはずです。
「同じ時間をかけて勉強するのであれば、できる限り結果を出したい」と。

　この本は、そんな方々のために書いた1冊です。
　ただし、「受験テクニック本」ではありません。「勉強について考える本」です。

　できる限り読みやすく書きましたので、最後まで読んでもらえたら嬉しいです。

学習塾の代表として4年間全力疾走してきました

　みなさん、こんにちは。清水章弘です。
　僕は、東京大学の大学院生ですが、同時に「プラスティー」という学習塾を4年前から経営しています。

大学院で教育学を研究しながら、そこで得たものを学習塾で実践しています。

> こんにちは清水章弘です！

学習塾の生徒は100名弱ですが、おかげさまで、生徒数は創業期から右肩上がりです。

広告は出していません。ほぼクチコミのみでここまでの生徒数になりました。

少子化の中、広告ゼロで生徒数が増え続けているため、「謎の学習塾」といわれたこともあります。

「中間テストで英語が7点だった高校生が、期末テストで90点になった」

> これ、本当の話です

「3か月で大学受験の模試の判定がE判定からA判定になった」

など、ウソみたいなホントの話が数多くあります。

では、どうすればそんな奇跡が起こるのでしょう。

実は、僕らは「勉強のやり方」を教えているのです。

もちろん、英語・数学・国語の教科指導もやりますが、「その教科をどうやって勉強するのか」まで必ず教えるようにしています。

「勉強のやり方」を身につけてもらえれば、同じ時間勉強したとしても、その「濃さ」がまったく違うものになってきます。学校で授

業を受けていても、家で勉強していても、「濃さ」が変わってくるのです。

　このような塾の成果を本にしたところ（『習慣を変えると頭が良くなる〜東大生が教える７つの学習習慣〜』／高陵社書店）、テレビ、ラジオ、新聞、雑誌など、多くのメディアに取り上げてもらうようになりました。Amazon学習指導部門ランキングでは、１年半以上もの間１位を記録しました。

　その結果、多くの学校から講演会に呼んでいただけるようになりました。とても光栄なことです。
　しかし、身体が１つしかないため、すべての学校に行けるわけではありません。
　１人でも多くの中高生に、「勉強ができないのは君のせいではない、やり方のせいだ」ということを伝えたいのですが、それができないのです。

　だから、この本を書きました。
　この本は、僕が中学校・高校に行って５時間の授業をする、というスタイルの本です。
　講演に行きたくても行けない、多くの学校の中高生に向けて書いていたら、こんな本ができあがりました。

　いろんな思いを込めて、一語一語、丁寧に書きました。

本質を理解することが奇跡的な結果につながる

　先ほども書きましたが、この本は、「受験テクニック本」ではありません。
「勉強について考える本」です。

　なぜ「受験テクニック本」を書かないのか、それには２つの理由があります。

　１つ目は、この高度情報化社会、グローバル化社会で世界が急速に変動しているなか、そういった小手先のテクニック本は書きたくなかったからです。もう少し、本質的なことも混ぜていきたかったのです。

　２つ目は、本当に成績を上げるためには、テクニックだけではダメだからです。「勉強について考える」ことが大切なのです。
　いままでたくさんの中高生の成績を上げてきましたが、「テクニック」だけでは少ししか上がりません。奇跡的な結果を出すためには、勉強そのものについて考えてもらわなければならないのです。

「なんで勉強ってするの？」
「勉強ってなに？」
「これからの時代に必要な力は？」
　などという１つ１つの問いと向き合って、日々の行動を変えていくこと、それが大切なのです。

そういう思いを持って、休み時間のコラム「僕のそもそも論」は気合いを入れて書きました。リラックスしながらで構いませんので読んでみてください。

行動を変えれば、誰でも「奇跡」が起こせる

　さぁ、授業が始まりますよ！
　本書を読み終わったら、すぐに行動を変え、自分の中で「奇跡」を起こしてください。

　5時間、一生懸命お話ししますから、ついてきてくださいね！
　では、いきましょう‼

CONTENTS

自分でも驚くほど成績が上がる勉強法

はじめに ……………… 1

1時間目

授業内容をその場で覚えてしまう方法
……………… 11

授業を制する者が勝つ！／洋書も研究した僕が気がついた「ノート術」の本質／「復習の道しるべ」となるノート／大ショック！ 翌日には7割を忘れてしまう記憶の限界／初公開！ 記憶を定着させる2つの方法／成績が必ず上がる「メモ魔」のなり方／とっておきのテクニック①右ページに「To Doリスト」を書く／とっておきのテクニック②左のページはオレンジペンを使う／無口な父親に習った1つのこと／板書を3回読むと頭に入っていく／黒板を見ずにノートを書く／授業を聞きながら、口パクで繰り返す／話を聞いている「つもり」をやめる／授業の最後に、習ったことをひと言でまとめる

休み時間
ノートに関する僕の「そもそも論」 ……………… 40
〜そもそも、ノートって取らなきゃいけないの？〜

2時間目

試験前にあわてずに済む復習法
.... 47

復習について僕が考えていること／東大生の恐るべき実態！／「私、頭が悪いんでしょうか？」／復習はチャンス！ 逃げるな！／皆が気づいていない２つの復習／スポーツからも勉強法は学べる／インプットが終わってからが、始まり／できる限り早く「アウトプット型復習」に移行する／復習は「タイミングと回数」が決め手！／復習が苦手な人のための「その日、次の日、日曜日」実践法／サッとやる復習、じっくりやる復習の２種類に分ける／「アウトプット型復習」が多い科目はどうすればいいの？／時間ができたらじっくりと頭を使おう

休み時間
復習に関する僕の「そもそも論」......... 70
〜そもそも、なんでこんなに復習ってつまらないの？〜

3時間目

絶対にアタマに残る9つの記憶術 77

記憶には「短期」と「長期」がある／どうやったら長期記憶にできるか／3つの記憶グループ／どんな人でも記憶力は鍛えられる／スーパーナイン記憶術①何回も見る／どうして家族の名前は忘れないのか／手っ取り早く成績を上げたい人のための、とっておきの方法／スーパーナイン記憶術②無理やり見る仕組みをつくる／スーパーナイン記憶術③人に教える／スーパーナイン記憶術④友達と問題を出し合う／スーパーナイン記憶術⑤図鑑やインターネットで調べる・質問する／スーパーナイン記憶術⑥丸暗記せず、導き方を身につける／スーパーナイン記憶術⑦関連づけてゴロ合わせをする／できるだけゴロは自分で作ろう／スーパーナイン記憶術⑧「朝飯前」をたくさんつくる／スーパーナイン記憶術⑨睡眠時間はしっかり確保する

休み時間
記憶に関する僕の「そもそも論」 112
〜そもそも、記憶ってどこまでしなきゃいけないの？〜

4時間目

三日坊主で終わらせない続けるコツ
.... 119

たった1つのことで人は変わる／「継続」というハードルをどう乗り越えるか／モチベーションって何？／「モチベーション幻想」にだまされるな！／継続するための4つの「仕組み」①健康的な生活を送る／継続するための4つの「仕組み」②マシンになり、簡単なものから始める／継続するための4つの「仕組み」③好きな科目とセットにする／継続するための4つの「仕組み」④友達と待ち合わせをする

昼休み
モチベーションに関する僕の「そもそも論」… 136
〜そもそも、モチベーションって気にしなきゃいけないの？〜

5時間目

勉強を下支えする驚異の読書力 ……… 145

「本を読まなきゃダメ」と言っているのではない／僕らは昔の人より本を読んでいる／読書は義務じゃないからおもしろい／読書には２種類ある／読書の３つの意味①知らない世界に会える／読書の３つの意味②言葉を知ることができる／読書の３つの意味③感受性が豊かになる（らしい）／おススメの５つの読書法①オリジナルの帯をつくる／おススメの５つの読書法②じっくり考えて、短い感想文を書く／おススメの５つの読書法③「いつか読みたい本リスト」をつくる／おススメの５つの読書法④古典に挑戦する／おススメの５つの読書法⑤反論してみる

おわりに ……… 163

装丁／冨澤崇（EBranch）
本文デザイン・DTP／新田由起子・德永裕美（ムーブ）

1時間目

授業内容を
その場で覚えてしまう方法

こんにちは。いよいよ授業の始まりです。

1時間目は、「授業の受け方」です。

これから5時間の授業が始まるわけですが、最初に正しい「授業の受け方」を身につけてもらい、2時間目以降に弾みをつけてもらえたらと考えています。

さあ、始めます！

では、さっそく授業に入っていきましょう。

いま、皆さんもこうして僕の授業を受けてくれていますが、頭のよい人は、こういう授業中、何を考えながら聞いているのでしょうか。

授業を制する者が勝つ！

まず最初に、僕は、授業って勉強の中で一番大切なんじゃないかと考えています。

勉強には予習・授業・復習がありますが、「その中で最も大切なものは何か」と聞かれたら、僕は真っ先に「授業！」と言うでしょう。

なぜでしょうか。

それは、予習も復習も、授業時間と比べれば時間が非常に短いからです。

家で予習をするとしても、多くて1時間程度でしょう。

復習をするとしても、多くて2時間程度でしょう。

でも、授業は違います。学校の教室にいるだけで、毎日6時間、

多いと7時間もあります。

「予習・授業・復習」と並列にならんでいると、同じように見えてしまいますが、ボリュームが全然違うのです。

「授業」の時間が圧倒的に長い

ボリュームが違います

さらには、授業と予習・復習では、入ってくる情報量も違います。

予習・復習は、基本的には1人で教科書や問題集、ノートを読むわけですから、文字情報として頭に入ってきます。

しかし、授業は、先生の姿や声が映像や音声情報として頭に入ってきます。

周りのクラスメートが質問した内容、何気ないひと言が頭に残ったりもしますよね。(＊1)

note 1

（＊1）詩人の谷川俊太郎さんの表現をお借りすれば、目で読むものが「アタマ」に入ってくるとすれば、耳で聞くことは「カラダ」に入ってきます（『読む力・聴く力』河合隼雄・立花隆・谷川俊太郎／岩波書店）。

映像や音声のほうが頭に残りやすいのは、本よりもテレビや映画のほうが頭に残りやすいのを考えると、簡単に納得できます。

　もし、授業中に寝てしまう人がいたら、それはとてももったいない行為です。
「あとで復習すればいいや」と言っても、そもそも入ってくる情報量が違いすぎるのです。

　授業中に眠くなる人がいたら、いますぐに生活を改善しましょう。
　睡眠時間を削って家で勉強して、学校の授業中に眠くなるのであれば、本末転倒です。
「授業は大切だ」という認識を必ず持つようにしてください。

　では、それくらい大切な授業ですが、どうすれば最も効果的に活用することができるのでしょうか。
　授業の受け方について具体的な説明に入っていきます。

　まずは、ノートについて考えてみましょう。授業における基本ですよね。
　どういうノートを取るのがよいのでしょうか。

洋書も研究した僕が気づいた「ノート術」の本質

　ノートを取ることの大切さは、誰も疑うことがないでしょう。

たとえば、本屋さんに行ってみてください。ズラリと並ぶ、「ノート術」をテーマにした雑誌や本たち。

　僕もたくさんのノート術を研究しました。海外から取り寄せた本も読んでみました。(＊2)

　おもしろいノウハウがたくさん詰まっていました。
「へぇ！　こんなノートの取り方もあるのか！」と驚きました。
　でも、多くの本にあまり書かれていないこと、それは「なぜ、ノートを取るのか」という本質的な問いです。
「どうやってノートを取るのか」「できる人はどういうノートを取っているのか」について書かれている本は多いのですが、「なぜ、ノートを取るのか」について書いてある本は、思った以上に少なかったのです。

　そこを抜きにして、「こうすればいいよね！」と議論しても、本質からずれてしまいかねません。

　では、僕たちは、なぜノートを取るのでしょう。

note 2

（＊2）海外の本は、日本で売られているノート術系の本よりおもしろかったです。英語が得意な人におススメしたいのは、イギリスのリーズ大学のStella Cottrell先生の『Teaching Study Skills and Supporting Learning』(Dr Stella Cottrell)という本です。もちろん、突拍子もないスキルは書いていないのですが、英文だとじっくり集中して読むので、たとえ日本語の本と同じことが書いてあっても頭に深く入ってきますよ（笑）。

「復習の道しるべ」となるノート

　ノートを取る理由はいくつか挙げられますが、本質的には1つです。
　それは、「その時に学んでいることを習得する（マスターする）ため」です。

　では、学んでいることを習得するためには、何をすればよいのでしょうか。
　それは、復習です。復習をしなければ、習得する前に忘れてしまいます。

　その復習をするときに、授業で取ったノートが必要になるのです。
　つまり、ノートは「復習の道しるべ」になるわけです。
　復習をするときに初めて、ノートは生きてくるのです。
　もし、復習をしなければ、ノートは「ただ文字を書き連ねた紙の束」になってしまいます。

　はたから見ていれば、必死にノートを取っている姿は美しく見えるかもしれません。
　しかし、もし復習することがなければ、その努力はムダになってしまうのです。(＊3)

　ノートは復習が前提になっていて、「復習の道しるべ」になるということを覚えておきましょう。

ノートについて、少しずつ具体的な話に入っていきます。

みなさんは、復習をする時、どういうノートがあると嬉しいでしょうか。

もちろん、きれいなノートがいいですよね。汚くて読めないノートよりも、きれいなほうがやる気が出ます。

> ここが大切です

そういう意味では、きれいにノートを取ることは大切なのですが、実はもっと大切なことがあるのです。

それは、「**思い出しやすいノートである**」ということです。

ちょっと話はそれますが、「記憶」についてお話をするので聞いてください。

大ショック！翌日には7割を忘れてしまう記憶の限界

こういう経験、ないでしょうか。

テスト前のこと。ノートを見返しても、2か月くらい前の内容が思い出せない。

「あれ……これ、私のノートだよね……？」と自分でも不思議にな

note 3

（＊3）これは、まさに勉強している「つもり」になっている状態ですね。自分の中では「よくやっているな」と思っていても、なかなか結果に結びつかないときは、「つもり」になっていることを真っ先に疑ってみてください。「本当に身についているのかな？」と自分に問いかけてみましょう。

るくらい、まったく思い出せない。

授業中に寝ていたわけでも、ボーっとしていたわけでもない。
「おかしいな……」
ということで、一から参考書や資料集を用いて、学び直し始める。

まったく同じとは言わないまでも、似たような経験、あるのではないでしょうか。
でも、これは、当然の結果といえば、当然の結果なのです。

僕の1冊目の本(『習慣を変えると頭が良くなる〜東大生が教える7つの学習習慣〜』)でもご紹介しましたが、「エビングハウスの忘却曲線」という有名な曲線があります。
単純な記憶の場合、覚えた次の日には74%を忘れてしまうということが科学的に証明されているのです。(＊4)

エビングハウスの忘却曲線

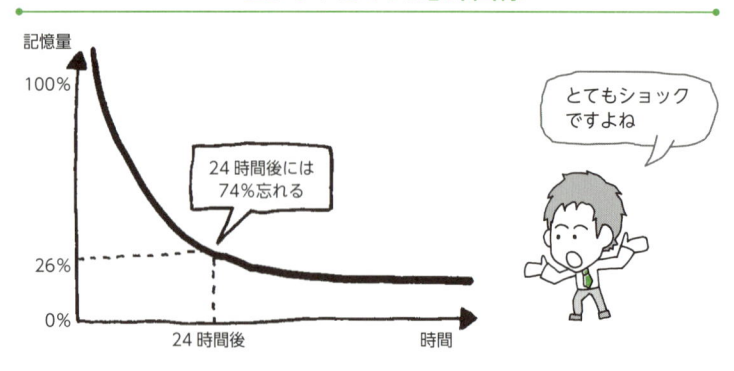

(グラフ: 記憶量が時間経過とともに減少し、24時間後には74%忘れる(26%残る)ことを示す曲線)

とてもショックですよね

正確にいえば、「忘却のかなたに消える」というよりは、「思い出

せない状況にある」というのが正しい言い方のようですが、それにしても悲しいです。どんなに努力しても、これだけ忘れてしまうわけですから。

では、これを防ぐ方法はまったくないのでしょうか……。
いえいえ、ご安心を。実は、そんなことはないのです。

初公開！　記憶を定着させる2つの方法

たったいま、「単純な記憶の場合、覚えた次の日には74％を忘れてしまう」と言いましたが、この「単純な記憶の場合」というのがミソです。

この実験では、エビングハウス博士は「子音・母音・子音」から成り立つ無意味な音節（rit, tas, jor, nuk など）を記憶させ、その再生率を調べました。

確かに、そういった記憶なら、すぐに忘れてしまいますよね。そして、思い出しにくいものですよね。本当に、まったく意味がない音節なのですから。

よって、普段の勉強の場合はもうちょっと忘れにくくなります。少し安心してください。

note 4

（＊4）覚えたことが、次の日には「ナシ（74）」になってしまうというゴロで覚えましょう。もしくは「かなし（74）い記憶力」とか……うーん、どうしてもネガティブなゴロになってしまう……（笑）。

とは言いつつも、復習をしないと忘れてしまうのも事実です。

できる限り忘れないようにするためには、どうしたらよいのでしょうか。

ここでは、2つのやり方を紹介します。

> 初公開です

記憶を定着させる2つの方法
① 「忘れにくくする」という方法
② 「思い出しやすくする」という方法

①は、ゴロ合わせで覚えたり、自分の知識・経験と結びつけて覚えたりという方法ですが、ここでは②について考えてみましょう（①は3時間目に詳しく解説します！）。

復習するときに、ちょっと忘れてしまうのは仕方がありません。
でも、すぐに思い出せるようになっていなければなりません。

そのために必要なもの、それが「メモ」です。
メモが「思い出す仕掛け」になるのです。

成績が必ず上がる「メモ魔」のなり方

メモといっても、少しの文字量ではありません。ひたすら、ひたすらメモを取るのです。

僕は中学・高校時代、ノートの半分をメモに使っていました。
（＊5）

「えっ!　半分も⁉」と思うかもしれませんが、そうです、半分もです。

　見開きのノートのうち、左半分に板書を写し、右半分をメモに使っていたのです。

ノートの右半分をメモに使う

ノートは"ぜいたく"に使う

「そんなに書くことないよ……」と思う人もいるかもしれません。

　そう思った方は、今日から試してみてください。

　先生の言葉を、ほとんどすべて書き取るくらいの気持ちでメモをするのです。

　そのノートを見れば、授業を一からすべて再現できるくらいのノ

note 5

（＊5）僕の経営する塾「プラスティー」の生徒たちにも、このノート術をおススメしています。プリント中心の授業である場合も、巻頭のカラーページのように左側にプリントを貼り、右側にひたすらメモをするといいんです。そしてそのメモは、できる限り図で書くとよいのです。

ートにしましょう。

　すると……あっという間に右半分くらい、真っ黒に埋まってしまいます。

「メモ魔」になろうとすれば、勝手に授業に集中できてしまいます。
「授業に集中しよう」という漠然とした目標ではなく、「先生の言ったことをメモしまくろう」という具体的なミッション（使命）に変えるのです。

> 勝手に集中できるんです

　このように、自分にミッションを与えると、授業に集中できるようになり、そして、あとで見直すときに楽になります。(＊6)

　授業中は手も疲れますし、頭も疲れるかもしれません。

　でも、テスト前に焦って一から勉強し直す必要はなくなりますし、必ず成績は上がります。

　ちょっとの「仕掛け」が、あとで実を結び、花を咲かせてくれるのです。

　復習するときに思い出しやすくするためのノートづくりについて

note 6

（＊6）「ミッション」をこなし続けていると、自分にとって「ルール」になってきます。「ルール」がよい方向に転じていけば、その人の「こだわり」に変わっていきます。自分の行動に、よい意味での「こだわり」を持っている人は、非常にかっこいい人だと思います。皆さんもぜひ、人と違った「こだわり」をつくってみてください。

学びました。

　この勢いに乗って、ノートづくりに関して、あと2つ、とっておきのテクニックを紹介します。

とっておきのテクニック①
右ページに「To Do リスト」を書く

　1つ目は、授業が終わってからすることのリスト（これを「To Do リスト」といいます）を右ページに書いておく、というものです。

　下の図を見てください。

　右ページのはしっこに、1本線を引きましょう。

　その欄に、箇条書きで、授業後にするべきことを書き出すのです。

右ページに1本線を引く

（図：ノートの見開き。左ページに「板書」、右ページに「メモ」、右端の細い欄に「あとでやること」。吹き出し「1本の線がポイントです」）

　書き出すにあたっては、主に以下のことを書くとよいですね。

◉「To Do リスト」に書くこと①：質問したいこと

　授業中に、わからないことが浮かんだらすかさず書きましょう。

　もちろん、授業中に質問できる場合はその場でしてしまいましょう。

　でも、恥ずかしかったり、授業の形式上質問しにくい場合も多いはずです。

　そういう時は、あとで先生や友達や先輩などに聞く必要がありますね。

「わからないな……あとで誰かに聞こう……」と頭の中で思っているだけだと、実行に移すことはなくなってしまいます。なぜなら、休み時間に入った瞬間に忘れてしまいますから。

　メモには、いつ、誰に聞くのかを書いておきましょう。

　もし、聞くのを忘れていたとしても、あとでノートを開いた瞬間に気がつきます。（＊7）

◉「To Do リスト」に書くこと②：調べたいこと

　授業中、ちょっとでも「あれ？　これおもしろそう……」とか、

note 7

（＊7）質問は「できるだけ早く」、そして「必ず」するようにしましょう。早くしないと何に疑問を持ったのか忘れてしまいます。そして、質問をしない癖は、「疑問を放っておく習慣」につながります。勉強の本質は「できないことをできるようにすること」です。理解できないまま残しておくと、それは勉強ではなく勉強している「つもり」で、どんなに一生懸命集中して授業を聞いても、その努力が実を結ばなくなってしまいます。

「不思議だな……」「もうちょっと詳しく知りたい……」と思ったときは、すぐにそれもメモしましょう。

授業というものは、本来、その教科に興味を持つための入り口であるはずです。そして、勉強は好きになってしまえば、必ず得意になります。

得意になるために、少しでも興味があるところはすぐに調べるようにして、その世界に深く入ることをおススメします。

それぞれの科目は、教科書に載っていないところにおもしろさがあります。宝探しでいえば、宝は教科書の外に埋まっているのです。

たとえば、社会の授業を受けていて「鎌倉幕府を源頼朝が開いた」と習ったとします。

その年号や重要語句も大切ですが、「どうして鎌倉に開かれたの？」と疑問が湧いてきてもよいはずです。

そうしたら、すぐに調べてみましょう（実際にどうして鎌倉なのか、知らない人は調べてみてください。おもしろいですよ！）。

教科書の外に出ると、一気に世界が拡がります。興味の糸口があれば、それを失わないうちに調べてしまってください。(＊8)

note 8

（＊8）社会の第一線で活躍されている方が書かれた本を読むと、「いかに教科書の外に出ることが大切か」がわかります。指揮者の小澤征爾さんも、「外国の音楽をやるなら外国に行きたい」と24歳の時に日本を飛び出されました。『ボクの音楽武者修行』（新潮文庫）という、小澤さんが26歳で書いた本は必読です。なんと初版の刊行が昭和37年！　古い本ですが、とても読みやすく、おススメの1冊です。

図書館で調べるのか、インターネットで調べるのか、人に聞いて調べるのか、本を買うのか、その調べる方法まで書いておくと、わかりやすくて一層よいですね。

◉「To Doリスト」に書くこと③：次回の持ち物、宿題など

　次回の持ち物は、忘れないようにここにメモしておきましょう。
　そして、宿題などが出た場合も、ここに書いてしまいましょう。
「いつまでに」という情報も忘れないでください。
　最も重要な情報です。計画を立てるときに必要になります。

　カンのいい人はすでに思いついているかもしれませんが、この「To Doリスト」、何かに似ていませんか？
　小学校低学年のときに毎日書いた、アレです。
　そうです、連絡帳です。

　連絡帳とは、その日にやったことや、次の日にやることを保護者の方に連絡するためにあります。子どもは、保護者に管理をされているからですね。

note 9

（＊9）自分で自分を管理する力、それを「自己管理能力」といいます。英語でいえば、セルフマネジメントです。自己管理能力は、受験においても、社会に出ても、最も大切な能力の１つです。20歳で起業してから、人一倍社会の厳しさを知りましたが、そこで学んだことの１つが自己管理能力の大切さです。やらなければいけないことを誠実に１つ１つやる、それが社会人の基本なんだ、といろんな場面で諸先輩方に教えていただきました。

でも、中学生、高校生になったなら、毎日の細かいところは自分で管理できるようにならなければなりません。自分で自分を管理するのです（これを自己管理といいます）。そういうわけで、自分で自分のために連絡帳を書く必要があるのです。(＊9)

授業が終わったとき、家に帰ったとき、これを見て、「あぁ、あれをやるんだったな」と思い出すようにしてみましょう。

とっておきのテクニック②
左のページはオレンジペンを使う

もう1つの工夫は、「消える化ノート術」というものです。

僕は、このテクニックを講演会やメディアなどで必死に伝えています。なぜならば、とても効果的だからです。

「消える化ノート術」は、授業中に先生が板書しているところを、授業中にオレンジペンで書いてしまうというものです。オレンジで書いた個所は、赤シートをかぶせば消えますよね。

> 消せない緊張感から集中できます

僕は、これを「消える化」と名づけ、**消えるようにすることでノートを問題集のように使おう**、と伝えています（巻頭のカラーページ参照）。

授業中にオレンジ色で書くことで、少なからずの緊張感が生まれ、授業に集中することもできます。そして何より、ノートまとめをする時間が短縮されますよね。

以上がノートを取るにあたって、知ってほしかったことです。

実は他にもまだいろいろとあるのですが、それだけで本1冊のボリュームになってしまうので、今回はこのへんで。

最後に、ノート以外のところで授業に集中するコツをお教えします。

すぐに実行できることばかりですので、みなさん、今日から使ってみてください。

昔から言われている通り、「明日やろうは馬鹿野郎」ですからね！

無口な父親に習った1つのこと

僕には、2人の兄がいます。兄から学んだことが多かったので、講演ではよく兄の話をします。あと、母にもいろいろと感謝しているので、母の話もします。

先日、講演で家族の話をしていると、こう言われました。
「清水家って仲がよくって本当にいいね。でも、清水くんの話には、お父さんがなかなか出てこないね」

なるほど、確かに！

うちの父は無口で、あまり教育に関心がなかったんです。(＊10)

小学校時代はサッカー選手をめざして、親子でサッカー三昧の日々を送っていました。

だから、勉強についてはほとんど兄と話をしていて、父と話した

ことは数えるくらいでした(僕が会社を立ち上げてから、人生哲学的なものは父にいろいろと教えてもらっています)。

そんな父ですが、中高時代、勉強に関して1つだけ教えてもらったことがあります。たった1つだけなので、やけに頭に残っているんですね。

板書を3回読むと頭に入っていく

忘れもしない、中学1年の時。僕は勉強より課外活動が好きで、サッカー部、生徒会や応援団にばかり精を出していました。(＊11)

でも、クラスメートで部活も勉強もきっちりやっている友達を見て、「勉強もできたらかっこいいよなぁ」と思い、勉強を少しずつ

note 10

(＊10) 小学6年生の時に父からもらった手紙には、「受験の成績なんて、どうでもいいんだよ」と書かれていました。そう言い切っているところが、父らしくて好きでした。家事分業からは程遠い家庭で、仕事に没頭している父の姿を見て育ちました。おかげで僕も「仕事大好き人間」になってしまいました……。

note 11

(＊11) 応援団といっても派手なものではありませんでしたが、中学3年間、ずっとやっていました。3年生の時は団長をやりました。いまよりちょっと身体が丸いのが気になります(→32ページ)。毎日の授業よりも、学校行事が好きでたまらない中学生でした。

始めてみました。

 とはいえ、やはり部活動や生徒会や応援団等をやっていたので時間がなかった。本当になかったのです。精神的には、ひょっとしたらいまより忙しかったかもしれません。

 その時、たまたま隣にいた父と言葉を交わしました。

 そうしたら、シンプルに「だったら、授業中に全部覚えてしまえばいいじゃないか」と言ったんです。

「何を言ってるんだ、この人は……」と思いましたね（笑）。

「そんなことできるわけないじゃないか。それができたら、どれだけ楽になることか！」と思いました。

「無理だよ、無理」と父に言ったところ、こんなことを提案されました。

「口の中で板書を３回読んでから写せばいいんだよ」

「……ほう。なるほど……」と心の中では思いながらも、当時反抗期にさしかかった頃の僕は、「いやいや、無理無理」と言い返しました。

 次の日学校に行き、試してみたところ、びっくり。

 これが結構頭に入るんですよ、本当に。

 すべての授業でこれをやっていたら疲れちゃいますが、社会や一部の理科などの暗記系科目にはピッタリ。

 高校に入り、もっと時間がなくなったときには一層効果を発揮しました。（＊12）

黒板を見ずにノートを書く

さらに、僕はちょっと工夫を加えてみました。

それは、「3回読んで覚えたあとに、黒板を見ずにノートに書く」ということです。

ここは非常におもしろいところなんですが、意外とみんなは「黒板を写しているだけ」なんです。

つまり、黒板に書いてあることを覚えてからノートに書くのではなく、黒板を見ながら、ちょこちょこノートに書いていくんです。

それって本当に意味がないですよね。ただ、丸写しをしているだけなのですから。

黒板を3回読んで、覚えるとします。

そのあとに本当に覚えているかを確認しながらノートを書くんです。その時は黒板を見てはいけないんです。

ちゃんとその語句を書けたらオッケー。覚えている証拠です。でも、書けなかったら……。もちろん、覚えていないということですよね。

「おっと、もっと集中して3回読まなきゃ」と思ってください。

note 12

（＊12）中学生の皆さんには想像がつかないと思いますが、大学受験の直前は、本当に時間がありません。すべてをやろうとすると、必ず時間が足りなくなります。「何をやらないか」という選択を迫られると同時に、少しでも効率的な勉強法が求められるようになります。

2人の兄と僕（左）。

中学3年生の時に
応援団長をやった。

覚えられないことにあまり頭を悩ませないでください。徐々に覚えられるようになりますので、ゲーム感覚で続けてみてください。(＊13)

　このように、もし黒板を読んで覚えてノートに書いたら、どういう効果があるのでしょう。

　ここはあまり気がつかない人が多いようですが、**実は授業中に1回、復習ができる**んです。

> 授業中に復習ができるんです

　覚えているか確認しながらノートに書くわけですから、授業を聞いてノートを取りながら復習もできてしまえるのです。

　みんなが受け身で授業をただ「受けている」だけのなか、こうやって主体的に受けていると、なんと授業中に復習もできてしまうのですね。

　もちろん、このような短時間の復習だけでは頭に定着しないので、家などでもう一度復習してほしいです。ただ、他の人よりも効率的で効果的に学習できていることは確かです。

　そもそも、復習を1回もしない人が多くいるわけですからね。一

note 13

(＊13) これも自分に課すミッションの1つですよね。できる限り楽しんでみてください。楽しくなきゃ続きませんし、楽しめるようになったら、いつまでも続けることができます。

歩リードどころか、三歩くらいリードできるのです。

「3回読んでノートに書く」ということを教えてくれた父には、感謝ですね。
　あとで父に聞いてみたところ、軽い気持ちで結構テキトーに言ったようですが……（笑）。

授業を聞きながら、口パクで繰り返す

　3回読むのがハードルが高いという人は、これをやってみてください。
　先生の言葉を、口パク（声に出さずに口だけ動かすこと）で繰り返すのです。
　周りに聞こえない音量で、声に出して繰り返してもいいのですが、バレたときは恥ずかしいので、あまりおススメできません。

　とにかく、繰り返すのです。
　大事なことも、大事じゃないことも、全部繰り返すのです。
　これが、意外といいんです。
　もちろん、先生の発言が終わってから繰り返していると時間が足りないので、同時通訳のように後ろから追いかける形になります。

　ちょっと変なやり方ですが、実は英語教育ではよく使われる手法です。
「シャドウイング（Shadowing）」という手法があります。話し手

の0.5秒くらいあとを追って繰り返して話すので「シャドウ」（shadow には"影"という名詞だけでなく、"影のように尾行する"という動詞もあります）なのです。

シャドウイングです

どういう効果があるのかというと、発音がよくなったり、英語のスピードに慣れるようになったりします（とても効果的なので、英語の学習でも取り入れてみてください）。

話を聞いている「つもり」をやめる

「これを日本語で行われている授業でやっても意味があるの？」と思われるかもしれませんが、実際やってみるとおもしろいほど頭に入ってきます。

日常会話で試してみてください。本当に声を出して繰り返せればいいのですが、それは難しいと思いますので話している相手の言葉を口パクか、心の中で繰り返してみるのです。頭にスッと入ってきますよ。

なぜこんな現象が起こるのかといえば、僕たちは意外と人の話を聞いていないからなんですね。

聞いているつもりで、右の耳から左の耳に流れてしまっている。

たとえば、テレビのニュース番組を見終わったときに、「今日のニュースって、何があった？」と聞かれたら、ドキッとしてしまう

でしょう。

もし少し答えられたとしても、「いつ？」「場所はどこ？」「それに対して専門家はなんて解説した？」なんて言われたら、頭は混乱してしまいます。

僕たちは、本当に人の話を聞いていないんですね。聞いている「つもり」になっているんです。

日常会話ならいいのですが、授業中に先生の話を聞いているときやグループワークをしているときに聞き流していたら、問題です。

それを防ぐために、口パクで繰り返すというシャドウイング、実践してみてください。

授業の最後に、習ったことをひと言でまとめる

話を聞いている「つもり」を防ぐ方法は、シャドウイング以外にもう1つあります。

それは、授業の最後に、習ったことをひと言でまとめるということです。

かつて、とある国立小学校の子どもたちに講演をしたことがあります。

その学校は東京にある筑波大学附属小学校という学校なのですが、本当に魅力的な教育実践がされているところです。そこで、とあるすばらしい国語の先生のクラスで講演をしたときのこと。

僕が「勉強のやり方」について50分講演したあと、その先生が

子どもたちにこうおっしゃったのです。
「はい、じゃあ、清水先生の授業で大事だと感じたことを3つにまとめましょう。できた人から手を挙げましょう」(＊14)

　心の底では「まさか、こんな小さな子どもたちにそんな要約ができるはずがないでしょ……」と思っている自分がいました。

　ところが、間髪をいれず、勢いよく子どもたちは「ハイッ！」「ハイッ！」と手を挙げ始めました。
「1つ目は○○で、2つ目は□□で、3つ目は☆☆でした。それを聞いて私はこう思いました。まず……」
　信じられない光景でした。
　おそらく、先生からいつも言われているのでしょう。授業が終わったあとに、「今日の授業を3つにまとめてみてください」と。

「どうりで講演中、みんな集中して聞いてくれているわけだ」と思いました。
　普段、僕は全国の中学校・高校で、生徒たちや保護者の方向けに年間 20 〜 30 回ほど講演をしているのですが、どこにも負けないくらい、集中して聞いてくれました。

note 14

（＊14）その先生、K先生は、講演で全国を飛び回って、新しい教育手法を広めています。とある教育学者の先生に「K先生は国語教育において、日本で3本の指に入るよ」とご紹介をいただいたのですが、「こんなことを実践されているのか」と驚きました。

習ったことを最後にひと言でまとめること。小学生ですらできるのですから、絶対に皆さんにもできるはずです。
　今日から試してみてください。

（今日から実行！）

　あっ、そうそう、最後に付け加えるとすれば、彼・彼女ら、なんと小学2年生でした。
　確かに優秀な子どもたちが集まっているのかもしれませんが、1年ちょっと前には幼稚園児だった子どもたちです……。
　要約を前提として聞くことの威力を思い知らされた、衝撃の1日でした。

みなさん、負けていられませんよ‼
じゃあ、1時間目の授業はここまでにします。

（休憩です）

はい、最後にミッションです。

この授業で聞いたことを要約してください！
次の授業の初めに発表してもらいます。

……ね？　ドキッとしたでしょ？
はい、できた人から休み時間に入ってくださいね！

1時間目 授業内容をその場で覚えてしまう方法

筑波大学附属小学校での授業風景。勢いよく手が挙がるのが印象的でした。

休み時間

ノートに関する僕の「そもそも論」
～そもそも、ノートって取らなきゃいけないの？～

　休み時間なので、ここではちょっと気楽に聞いてみてください。
　授業中に話せないようなことを話してみたいと思います。

　こう言うと、目を輝かせてワクワクする人もいるかもしれませんが、ちゃんとまじめな話ですよ（笑）。
　授業中に話せないこととは何かというとですね……そもそも、授業中ってあくまで「正しいとされていること」しか話せないんです。
　どういうことか簡単に言えば、「ぶっちゃけた話」ができないんです。
　あまり自分の意見を展開しすぎると、クレームが来て大変なことになる。
　それは学校の授業でも、こういう本のスタイルでも一緒です。

　でも、僕はあまりそういうのが好きではないので、「休み時間」として「ぶっちゃけた話」も織り交ぜてしまおうということです。
　それでは、ノートに関して、若手研究者＆実践者として、僕なりの率直な意見を述べてみたいと思います。
　「そもそも論」というタイトルにしたのは、本質的なことを皆さんと一緒に考えたいからです。

　僕はそもそも、ノートを取るのって賛成じゃないんです。

あっ、誤解をされると怖いので、正確に言い直します。

100人いれば100通りのノートがあってよいと思っていて、「全員が板書を正確に丸写しする授業スタイル」って理想的じゃないと思うんです。

僕が教える立場だったら、そもそもノートを取ることは強制しません。

まず、授業の最初に、「これを習得（マスター）して帰ってほしい」というポイントを伝えます。

そして、好きに授業を受けてもらって、授業の最後にテストをするんです。

もちろん、細かいことは聞きません。普通に聞いていれば正解できるテストです。これが難しすぎると「テストのための暗記授業」になってしまうからです。

テストでは、あらかじめ用意してあったポイントだけが出題されます。

そして、そこで合格点を取ることができた生徒には、板書と同じことが書いてあるレジュメ（プリント）を配ります。

「苦手な子もノートを取らなくていいの？」と言われるかもしれません。

いいんです。そもそも、理解するので精一杯の子どもは、板書を写す時間を理解する時間に回したほうがいいんです。

「そんなことをしたら、合格点が取れなかった生徒はかわいそうじゃないか」と言われるかもしれません。

僕は、授業についていけない子どもをつくることのほうがかわいそうだと思います。

「そのレジュメ、流出してしまうんじゃないの？」と言われるかもしれません。
　それはそれでいいと思います。たとえ授業を聞いていなかった子だったとしても、自分から主体的にほしがるわけですから、そこはシェアしてもらったほうがいいんです。

　僕は「ノートを取るな」と言っているのではありません。
　ただ写しているだけだったら授業を受けている「つもり」であって、それだと意味がないと言ってるんです。

「板書を写せ」と言われているからノートを取る、みんなが書いているからノートを取る、というのだけは避けてほしいんです。
　それは、思考停止にすぎないんです。
「なぜノートを取るのか？」という問いを繰り返してほしいんです。
　その結果、自分で写す必要が感じられたら、取ればいい。
　確かに板書通り写すことが「できない」人は問題かもしれませんが、「できる」うえで、自分で工夫してさらに学びを深めようとする行為に対しては、誰にも止める権利はないはずです。

　僕は大学で、友達と協力してこんな実験をしたことがあります。
　まず、友達を２人集めます。そして、自分を含めた３人で役割分担をします。
　１人目は板書をそのまま写します。この人の役割はこれだけ。で

きる限り、丁寧に、きれいな字で写すんです。

2人目は図でまとめます。板書は文字中心のことが多いので、頭で整理しながら、図にするのです。

3人目はノートを取らず、ただひたすら聞くのです。ときどき、自分が理解しやすいようにメモするくらいです。

3人で役割分担してみる

それぞれの行動の意味、わかりますか。

1人目は、復習用としてのノートをつくる人です。やはり、ノートがないと忘れてしまうので、できる限りきれいに「復習したくなるノート」を取るのです。オレンジペンでまとめながらであれば、なおよいです。

2人目は、授業内容を整理する人です。文字情報だけだと、なかなか頭に入ってきません。「要するにこの授業の構造は何なのか」を書きます。

3人目は、授業を理解する人です。とにかく集中して、先生の話を100％理解します。他の2人と違って手を動かさなくていい代わりに、絶対に理解することが求められます。他の2人にわからないことがあったら、この人に聞きます。責任重大です。

このように役割分担をするのです。
とても上手くいきました。
それぞれの担当は、得意な人がやればいいでしょう。
うまくいくチームプレーは「強みが掛け合わされるとき」です。
こんなことをすれば能力が偏ってしまいそうだ、と思う場合は、役割を定期的に交代すればいいと思います。

　学んでいる内容の習得という授業の最大目標を達成しながら、さらにみんなで楽しく協力してやれば、それこそ本質的なのではないでしょうか。
　そもそも、勉強というのは、みんなで協力してやるものだと思います。いろいろな意見や考えを知ることができるからです。
　もちろん、１人で考える時間も大切にしてもらいながら。

　いかがでしょうか。休み時間ということで、キワドイ論を展開してしまいました（笑）。
　でも、ちょっと新鮮でおもしろいでしょ？

　ノートに関する本が書店で売れまくっているのを横目に、この「そもそも論」を頭で巡らせていました。
　いくつかの出版社から「ノートをテーマにした本を書いてください」と依頼されたのですが、お断りしていたのは、このような理由からでした。

　あー、スッキリした！
　言いたいことを言ってしまいましたね。

……わわわっ！　ちょっと話しすぎました!!　次の授業の時間になってしまいました！
　さぁ、次に行きますよ!!
　ちゃんとついてきてくださいね!!

2時間目

試験前にあわてずに済む復習法

さぁ、2時間目に入っていきましょう。

　1時間目の終わりに言ったこと、覚えていますか？

「この授業で聞いたことを要約してください！　次の授業の初めに発表してもらいます」と言ったはずです。

　では、約束どおり要約してもらいましょう！

（覚えていますか？）

　右ページの欄に書きこんでみてください。

　この時、気をつけてほしい点が1つだけあります。

　それは、「実際に書きこむ瞬間は、何も見ずに書く」ということです。

　なぜでしょうか。

　鋭い人はわかってくれたと思います。それは、先ほどの「黒板を写さない」というのと同じです。

「あれ、要約か……忘れちゃったな……。じゃあ、見ながら書き写そう……」といま思ってしまった人は、先ほどの内容をマスターできていません。

　もちろん、忘れてしまった人は前のページを読み返す必要があるとは思いますが、実際に書く瞬間は、何も見ないで書いてください。

　そうすると、「覚えているかどうか」を自分でチェックできる、つまり、復習できるんでしたね。

　それでは、右ページの欄に書きこんでみてください。

> ▶1時間目の要約を書いてみよう！
>
> _____
>
> _____
>
> _____

はい、書けましたか。

こういう時、恥ずかしがったり、面倒くさがったりせずに書いてくださいね。もし書く時間がない人は、口頭でも構わないので必ず言ってみてください。

書き終わった人は、前のページを見返して、自分のもので大体合っているかどうか、確認してください。

もちろん、完璧じゃなくても大丈夫です。ちょっとくらい違ってもいいですし、むしろ、「自分の言葉」で書いてあるほうがいいでしょう。

いかがでしたか。

いま、こうやって復習をしてもらいましたが、2時間目のテーマは、この「復習」です。

そもそも授業では、「学んでいる内容を習得すること」が第一目標でした。学んでいる内容は、復習しなければ忘れてしまう。また、復習をしないと、より深く考えることができません。だから復習するのでしたね。

復習について僕が考えていること

まず、復習をするにあたって、僕が最近考えたことをお話しします。

それは、「東大生」についてです。

僕はいま、東京大学の大学院にいますが、1年くらい前まで「東大生」でした。初対面の場では、「東大生の清水くんです」と紹介されます。

「えー、すごいですね」と言ってもらうこともあるのですが、東大に入学してからいままで、この紹介方法は常に恥ずかしく思ってきました。

「東大生」という言葉が独り歩きしているからか、かつての旧帝国大学（＊1）の先輩方のご活躍のおかげか、「宇宙人扱い」を受けることもあります。「天才ですね」と言われることもあります。

自分のことを天才なんて思ったこともありませんし、周りの友人たちにも、天才はほとんどいません（とはいえ、ときどき遭遇することがあります。そんな時こそ、東大に入って本当によかったと思います）。

そんななか周りの友人たちを注意深く観察していると、ある事実

> note 1
>
> （＊1）明治から昭和にかけて、帝国大学として設立された大学のことをいいます。旧帝大は、設立順に東京大学、京都大学、東北大学、九州大学、北海道大学、大阪大学、名古屋大学。旧帝大の体育会運動部同士はいまでも毎年定期戦をやっていて、「七大戦（または七帝戦）」と呼ばれています。

に気がついたのです。

東大生の恐るべき実態！

それは、「この人たちは、人間の脳のメカニズムを考えながら勉強をしているぞ」ということ。

たとえば、大学のテスト勉強の時に感じます。東大は、1年生・2年生の駒場キャンパスの時は、入った科類（学部のようなもの）にかかわらず、文系から理系のすべての「教養科目」が必修になります。

僕は教育学部に入りたかったので、教育学部に入りやすい科類（文科Ⅲ類）に入学したのですが、駒場キャンパスでは教育にまったく関係ないことばかりを学びました。宇宙のこと、経済のこと、日本国憲法のこと、心理のことなど。第二外国語ではスペイン語を選択しましたが、第三外国語としてマレー語を選択しました。

多岐にわたって学んだのですが、毎学期、ほとんどの科目でテストがあります。その時に、先ほどのことを感じたのです。（＊2）

note 2

（＊2）駒場時代には、文系でも理系のことを勉強しますし、理系でも文系のことを勉強します。文理に分けられないような授業もたくさんあります。むしろ、文系とか理系とかは関係ないということを学ぶのが、教養学部なのかもしれません。いろんなゲストティーチャーも来られます。もちろん体育もあります。僕はいままでやったことのなかった、太極拳をやってみました（楽しかった！）。

では、「人間の脳のメカニズムを考えながら勉強をしている」とはどういうことか。

それは、**「人間はすぐに物事を忘れてしまうことを意識しながら、勉強をしている」**ということです。

もちろん、特に駒場キャンパスでは、受験勉強の反動からか、あまり勉強しない人も多くいます。その事実は置いておいて、本気で学ぼうとしている人たちを見ていると、常に「復習」を意識しているのです。

そして、いま勉強していることに対して、自分がどれくらい覚えられるか、言いかえれば、どれくらい忘れやすいかを計算しながらやっているのです。

> 東大生の特徴です

大学時代に一番衝撃的だった友人の言葉を紹介しましょう。

とある勤勉な友人Aの言葉です。Aは、東大生の中でもかなりの成績優秀者です。大学の評価は「優」「良」「可」「不可」(＊3)なのですが、Aの成績は、すべてが「優」。学部時代から教授も驚く論文を書いていました。図書館にこもって勉強している彼に、僕は一度聞いたことがあります。

note 3

（＊3）「可」以上が単位となります。「不可」を取ってしまうと、単位がもらえず、必要な単位数を取ることができないと進級ができなくなってしまいます。「留年」というやつですね。東大では、「優」は80点以上です。勤勉に授業に参加していれば「優」を取るのは難しくないのですが、すべての科目で「優」を取るのは、並大抵の努力ではできません。

「どうして、そんなに勉強しているの?」
　すると、Aは恥ずかしそうにこう言いました。

「俺はバカだから、すぐに忘れちゃうんだよね」

　いまでも脳裏に焼きついている言葉です。
　堂々とその言葉を言ってくれたAを、心から尊敬した瞬間でした。

「私、頭が悪いんでしょうか?」

「これはおもしろい大学に入ってしまったなぁ」と思いながら駒場時代を過ごしていましたが、本郷キャンパスに進んですぐに、僕は自分でプラスティーという学習塾をつくりました。(＊4) 多くの中学校・高校で授業や講演をするようになり、そこでいろんな質問を受けるようになりました。

　最も多い質問の1つが、「私、単語や公式を覚えられないんです。すぐに忘れちゃうんです」というものです。
「清水さんは、もともと頭がいいからできるんでしょう?　私、ダメなんでしょうか」みたいな表情で見られることも多いので、「う

note 4

（＊4）僕がどうして20歳で起業したのかは、ここに書ききることができません。とても長くなってしまうからです。この本を書いているいま現在は、起業して大体4年くらいですが、楽しくも、長く険しい道のりでした。何はともあれ、ここまで支えてくださった方々には感謝してもし尽くすことができません。

うぅ、どうやって説明したらいいかな……」と真剣に悩みました。

　考えて考えて考え抜いた結果、どこかから友人Aの言葉が降ってきて、ハッとしました。

　まず、先ほどお話ししたことを2点にまとめてみます。

> 1つ目は、東大生は、自分が忘れやすいと思っていること
> 2つ目は、多くの人も、自分が忘れやすいと思っていること

　これら2つからわかること、それは、東大生も多くの人も「自分は忘れっぽい」と感じているということです。ここは、一緒なんです。おもしろいですよね。
　では、その違いとは何なのでしょうか。
　僕は、「忘れやすい」という感情の次にくる「行動」にヒントが隠されていると思います。
　どういうことかといいますと、多くの人は「自分は忘れやすい→あきらめる」と行動しています。
　あきらめて授業を受けっぱなしにしたり、問題集を解きっぱなしにしたり、テストを受けっぱなしにしています。
　復習をしません。
　僕は、それらを「ぱなし勉強」と名づけています。
「〜しながら勉強する」という「ながら勉強」に加えて、「〜やりっぱなし」の「ぱなし勉強」です。(＊5)
　多くの人は、「ぱなし勉強」で満足しているのです。

その一方で、東大生は「自分は忘れやすい→何回もやる」と行動していたのです。

多くの東大生は中高時代、問題集は３回解くのが基本だと考えていました。「３周」とか「３回転」とか「３回まわす」等という表現を使います。

東大生は問題集を３回やる

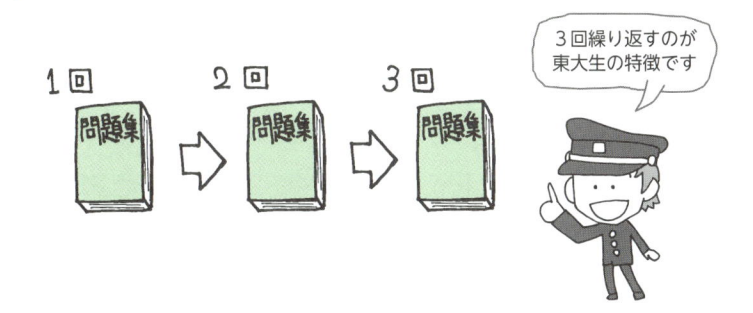

３回繰り返すのが東大生の特徴です

同じ「忘れっぽい」という現象からでも、これだけ行動が違ってくるのですね。

しかしながら、これは、ただ単に「忘れやすい」という現象をどうとらえるか、というだけの話だったのです。

note 5

（＊5）「音楽を聴きながら」「携帯をいじりながら」などの「ながら勉強」はできる限り避けましょう。でも、時には効果的な場合もあります。僕もこの本を書きながら、静かなクラシックをかけています。ジャーナリストの立花　隆さんは、波の音とか、ジャングルの音とか、自然音をかけながら執筆なさっているそうです（前掲『読む力・聴く力』（岩波書店）より）。自分にとっての作業効率を考えながら、試してみるのがいいかもしれません。

ちょっと誤解を与えてしまうかもしれませんが、最近、僕はこうやって説明しています。

「東大生は、頭がいいんじゃないんです。むしろ、人間は頭が悪いという事実を、誰よりもよくわかっているだけなんです」

　人間は覚えたことをすぐに忘れてしまいます。そんなに頭がよい生き物ではありません。その事実を誰かのせいにするのではなく、直視して、「これくらい復習すれば、自分は覚えられる」という回数だけ復習をしているのが、東大生だったのです。

復習はチャンス！　逃げるな！

　そして、こうも言えると思います。
「復習はチャンスである」
　だって、そうですよね、多くの人が「自分は忘れやすい→あきらめる」という思考回路を持つなか、自分だけ忘れやすい脳のメカニズムを直視すれば、きっとよい結果を得られるはずです。

　ですから、最後に以上のイントロをまとめるとこうなります。
「復習はチャンス。私達は、人間の記憶力の悪さから逃げてはいけない！」

　前置きが、長くなりましたね。

細かい暗記のテクニックは3時間目にお教えしますが、もうちょっと大きな観点から復習について一緒に考えていきましょう。

皆が気づいていない2つの復習

　まず最初に、復習について皆さんに覚えておいてほしいことがあります。
　それは、「復習には、2通りある」ということです。

　この2つを分けることから始めましょう。

> 2通りの復習法
> ①「インプット型復習」
> ②「アウトプット型復習」

　シンプルですよね。でも、この2つを同じものとして考えている人が非常に多いのです。

　では、詳しく説明してみましょう。
　①は、簡単に言えば、「覚える」という作業です。
　1時間目にお伝えしたオレンジペンを使ったノートの復習などが、この「インプット型復習」になります。
　どの科目でも、多かれ少なかれ、この「覚える」という作業は必要になります。
　たとえば、英語の授業であれば、単語を覚えたり、文法を覚えた

りしなければなりません。社会などの暗記科目は、この作業がイメージしやすいですよね。そして、数学であったとしても、公式や定理などの基本事項は覚えなければいけません(「自分はすべてテスト中に定理を導くんだ」という人がたまにいますが、そういう人であったとしても少しは覚えることはあるはずです)。

しかし、これだけで復習が終わりではありません。むしろ、ここからが始まりです。

②の「アウトプット型復習」は、覚えた知識を使って「問題を解く」という作業です。
「えっ、それくらい当たり前だよ、やってるよ」と感じる人も多いと思いますが、「やっているか、やっていないか」という問題ではありません。「どれくらい多くやっているか」という問題なのです。

> どれくらいやっているかが大切

スポーツからも勉強法は学べる

もうちょっと深く「アウトプット型復習」について考えてみましょう。

ここでは、スポーツに置き換えて考えてみます。

僕はフィールドホッケーというスポーツを大学に入ってから始めましたが、ちょっとだけ、その時の思い出を話します。(＊6)

大学1年生の時に新しいスポーツを始めたわけですから、ずいぶ

んと新鮮に感じました。

　それまでは12年間サッカーをしてきました。ホッケー部に入るときに「それだけ長くサッカーをしてきた人は有利だよ、動きが似ているからね」と言われましたが、意味があまりよくわかりませんでした。入部してしばらくして、ホッケーの入門書をもらいました。

　入ったからにはうまくなりたい僕は、必死にその本を読みました。ドリブルの方法、シュートの方法、ホッケーのルール等。

　3日くらいかけて読みましたが、結局、よくわかりませんでした。

　しかし、練習を始めて数日、スッと意味がわかりました。身体を動かしてみたら、本に書いてあったことがすべて理解できたのです。

　でも、次の日の練習になると「あれ、昨日の練習で先輩に何を習ったっけ？」と忘れてしまっているんです。

　新しいスポーツだけに、すぐに上達するけど、結構すぐに忘れてしまうんです。これは、悔しかったですね。

　そこで僕は、その日に先輩やコーチに教えてもらったことを、家に帰って教本で復習することにしました。
「今日は新しいドリブルの方法を教えてもらったから、ここを読んでみよう」「あぁ、なるほど。ここの文章の意味はこういうことだったのか」「あれ？　教本に書いてあることと違う。どういうこと

note 6

（＊6）ホッケーは、アイスホッケーのことではありません。芝で行う、フィールドホッケーのことです。日本では競技人口が少ないため、知っている人は多くないのですが、オリンピック競技なんです。

だろう。明日先輩に聞いてみよう」など、思考を巡らせるようになりました。

先輩も丁寧に指導してくださったので、おかげでホッケーも上達し、1年生の時からレギュラーになることができました。幸運にも、早くから関東一部リーグやインカレでプレーすることができました。

話を復習に戻しましょう。

勘のいい人ならわかると思いますが、スポーツの本を読んだり、ビデオを見て研究するのが「インプット型復習」です。

そして、そこで学んだことを実際にフィールドで練習して使ってみるのが「アウトプット型復習」なのです。

インプットが終わってからが、始まり

先ほど、「インプット型復習だけで終わりではなく、むしろここからが始まりです」と言いましたが、意味がわかってもらえたでしょうか。

さすがに、スポーツと勉強はすべてが一緒ではありませんが、似ているところは多くあります。(＊7)

本やビデオを読みこむだけでは、スポーツは上達しません。

それを普段の練習に結びつけなければなりません。

ここは、勉強と一緒ですよね。

いくらインプットしても（覚えても）、アウトプットしなければ（使わなければ）できるようにはなりませんよね。

ノートで暗記ばかりしていてはダメで、できる限り早い段階で、「アウトプット型復習」に移らなければならないのです。そして、「アウトプット型復習」でわからないことが出てきたり、「ここは全然覚えられていないな」という問題にぶつかったら、授業ノートや参考書に戻ればいいのです。

　こういう話を講演や塾でしていると、「どのタイミングでアウトプット型復習に移ればいいのですか？」という質問を受けることがあります。非常によい質問です。
　答えは、簡単です。「できる限り早く」です。

> なるはや（なるべく早く）で！

できる限り早く「アウトプット型復習」に移行する

　こう考えてみれば、わかりやすいのではないでしょうか。
　この質問は、先ほどのホッケーの例に置き換えてみれば、「いつから実際に練習を始めればよいのですか？」になります。この質問

note 7

（＊7）あくまで仮説ですが、僕は部活動から勉強に応用できることはたくさんあると思っています。実は1冊目の著書『習慣を変えると頭が良くなる』の元々のタイトルは、『成績を上げたければ部活に入れ』だったくらいです。でも、途中まで書いて、「これは売れなさそうだね……」と出版社の社長さんと話し合って方向転換しました。さぁ、『成績を上げたければ……』という本だったら、どうなっていたのでしょう⁉　気になるところです。

に対して、皆さんはどのように答えるでしょうか。

皆さんがコーチだったら、「いますぐに始めましょう」と答えると思います。

そう、そうなんです。大正解です。

テスト直前にノートまとめをして、ノートを覚えて……という勉強スタイルは、いますぐ変えなければなりません。(＊8)

定期テストでいえば、遅くともテストの1週間前にはノート暗記は終わらせておき、残りの1週間はひたすら問題演習をしなければなりません。

入試でいえば、できる限り早い段階でその科目を一通り終わらせてしまい、できる限り早い段階で問題演習、過去問演習に移らなければなりません。

暗記をする時間は最小限にして、問題演習をする時間を最大にするのがよい勉強スタイルなのです。

「インプット型復習」中心から、「アウトプット型復習」中心に、今日から変えてみましょう。

復習は「タイミングと回数」が決め手！

では、ここから具体的なコツとテクニックに入っていきましょう。

note 8

(＊8) 僕は、テスト前にもノートまとめばかりやっている人を「ノートまとめ症候群」と呼んでいます。きれいなノートをつくって、覚えずにテストにのぞむのは、もはやビョーキなんです……！　女の子に多いので気をつけてください。

1冊目の著書では、「復習はタイミングで決まる」と書きました。そして、2作目(『勉強がキライなあなたへ〜学びを楽しむ22のレッスン〜』)では、そのタイミングを「その日、次の日、日曜日」と書きました。詳しくはその2冊を参照してほしいのですが、復習ではタイミングが大切です。

　復習は、まず授業があった「その日」に1回、そして「次の日」に1回、そして最後に時間がある「日曜日」に1回するのがいい、というのが僕の考えです。

　いろんな勉強本を読みましたが、実際にやるには難しいプランも多く、かつそれ自体覚えにくいものになっていたので、「その日、次の日、日曜日」という標語をつくってみました。

「その日、次の日、日曜日」を、中高生に対する講演会では、「せーの！」と言って、全員で大きな声で言ってもらいます。「この木、なんの木、気になる木」みたいな感じで覚えやすいせいか、アンケートで「心に残ったことは？」と聞くと、これがよく挙げられます。もっとも、1000人くらいの講演会だと、もはや合唱以上で、若干気持ち悪くて心に残りやすいのかもしれませんが……(笑)。**(＊9)**

note 9

(＊9) 講演に来てくれた洋服デザイナーさんが、「これはおもしろい！」と言ってできたのが「その日、次の日、日曜日Tシャツ」！ 裏面に「TODAY(その日) - TOMORROW(次の日) - SUNDAY(日曜日)」とあります。八戸ポータルミュージアム「hacci」の4階「maison de fanfare」で絶賛販売中です。

「復習はタイミングが大切で、回数もこなそう」というのが僕の主張ですが、この授業で前著と同じ「タイミング」の話をしてもつまらないので、ちょっと角度を変えたお話をしたいと思います。

復習が苦手な人のための「その日、次の日、日曜日」実践法

では、実際、復習を始めたとします。

楽にできる人はよいかもしれませんが、多くの人は、「できない……」と困っていると思います。

なぜ、できないのでしょうか。

解決のヒントは、先ほどお伝えした、2種類の復習を分けて考えることにあります。

2種類の復習、言えますか？

はい、正解です。

「インプット型復習」と「アウトプット型復習」でしたね。

この2つに分けて考えるのが、うまく復習をやるコツなのです。

サッとやる復習、じっくりやる復習の2種類に分ける

インプット型復習とアウトプット型復習の特徴は先ほど説明した通りですが、付け加えたいことがあります。

それは……

> ①インプット型復習…短い時間でもできる
> ②アウトプット型復習…まとまった時間が必要

（この違いは大切！）

ということです。

この違いを覚えておいてください。
「インプット型復習」というのは、わかりやすい例でいえば、「英単語を覚えること」が挙げられます。英語の授業で英文を読み、新出単語があれば覚えなければなりません。英単語を覚えるのは、電車の中でもできますよね。ちょっとした時間を有効活用できる、それがインプット型復習の特徴です。

その一方で、「アウトプット型復習」でいえば、「数学の問題を解くこと」が挙げられます。これは電車の中では難しいと思います（空いている電車なら可能ですが、よほどの人でない限り、集中して解くのは難しいでしょう）。パッと集中のスイッチを入れられる人ならよいでしょうが、なかなかそんなに器用な人はいないでしょう。家や図書館などで、じっくりと取り組む必要があります。(＊10)

note 10

（＊10）僕自身も、じっくり頭を使って考えたいときは自宅や図書館にこもります。集中して原稿を書いたり教材を作ったりしたいときは、山奥にこもることもあります。山で野宿するんじゃないですよ、一応ホテルに泊まります。
　皆さんが山にこもって勉強するのは難しいでしょうが、やはりまとまった時間がないと、頭を使ってじっくり考えることは難しいんです。

復習をするときは、この「インプット型復習」と「アウトプット型復習」のどちらをするのか、まず考えてから始めるとうまくいくのです。

　ですから、「その日、次の日、日曜日」でいえば、授業の当日はどちらを、次の日はどちらを、日曜日はどちらをやるのか、それぞれの日のスケジュールに合わせて決めておけばよいのです。

　たとえば、月・水・金・土に部活動がある人なら、部活動のある日は「インプット型復習」を中心にし、火・木・日に「アウトプット型復習」を中心にするのです。授業の時間割に合わせて、１週間ごとのスケジュールをつくってみましょう。きっとうまくいくはずです。

２つの復習をうまく使いこなす

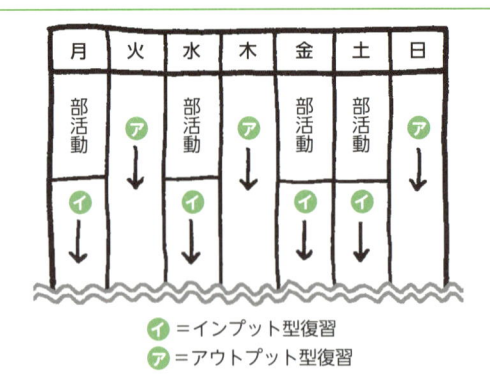

月	火	水	木	金	土	日
部活動	ア↓	部活動	ア↓	部活動	部活動	ア↓
イ↓		イ↓		イ↓	イ↓	

イ＝インプット型復習
ア＝アウトプット型復習

「アウトプット型復習」が多い科目はどうすればいいの？

ちょっと付け加えておきます。

「数学のような科目はどうすればいいですか？ アウトプットばかりで、時間割によってはほとんど復習ができなくなってしまいます」と思う人もいるかもしれません。そういう人でも安心してください。数学は、必ずしも「アウトプット型復習」だけではないんです。

どういうことかといいますと、数学の成績を手っ取り早く上げる方法は、「解法パターンを覚えること」だからです。忙しい人は「インプット型復習」中心でなんとかなるわけです。

どうやって復習をするか説明しましょう。下の手順を見てください。

5分で解法パターンを覚える方法
① 問題文を読む（1分）
② 解法を思い出す（1分）
③ 答え・解説を読む（1分）
④ 覚える（2分）
※合っていたら次の問題へ

細切れ時間で成績が上がります

かかった時間を合計してみてください。1 + 1 + 1 + 2……。
はい、そうです。ちょうど5分です。

このような復習であれば、1題あたり5分で解法を覚えることが

できます。

　忙しくても、細切れ時間を使って、成績を上げることができます。

時間ができたらじっくりと頭を使おう

　しかし、これでは本質的に数学ができるようにはなりませんし、数学のおもしろさも感じられないでしょう。機械のように暗記しているだけですから。

　時間ができたら、ぜひともじっくり考える時間をとってください。「うーん、うーん」とうなりながら、文字通り、数学と「格闘」してください。手を動かさなければ計算力はつきませんし、ワクワクすることは難しいでしょう。
「数学は暗記で、ラクに成績は上がる」と言う人もいますが、僕は現実的に考えて、数学は時間をかけてじっくり向き合うべき科目だと考えています。(＊11)

note 11

（＊11）ちょっと極端な例ですが、数学のノーベル賞といわれるフィールズ賞を受賞された、数学者の広中平祐先生はこのように言っています。
「たとえば、学生に問題を与えてもね。その問題は一年くらいで解けますか、なんて聞いたりするやつがいるよね。（中略）まあそういうやつってあんまり伸びないね。だから問題を与えられたらね、（中略）とにかくもうなんていうか、その問題にほれこんじゃうやつね。そういうやつの方がさ、将来ほんとうに良い仕事するね」(『やわらかな心をもつ』小澤征爾・広中平祐／新潮文庫)
「え～、1年⁉」ってビックリする人もいるかもしれませんが、大学数学にはそれくらい時間のかかる難問もあります。極端な例ですが、問題に惚れこみ、じっくり腰を据えて問題と向き合うのが、数学の本質であるはずです。

この2時間目では、復習について詳しく説明してみました。「ぱなし勉強」「インプット型復習」「アウトプット型復習」など、いろんな言葉が出てきましたね。

　この2時間目の授業、自分の言葉で要約できますか。

　しつこくて申し訳ないですが、3時間目の冒頭で確認しますよ！

　それでは、休み時間に入っていきましょう！

休憩です

休み時間

復習に関する僕の「そもそも論」
～そもそも、なんでこんなに復習ってつまらないの？～

　やって来ました、休み時間！

　前の休み時間では、ノートに関してちょっと過激なお話をしてしまいましたね。

　今回もざっくばらんに僕の考えていることをしゃべりたいと思います。

　そもそも、復習って、なんでつまらないんでしょうかね（笑）。
「復習が大好き！」なんていう人、本当に少ないですよね。

　やはり、一番楽しいのは、おもしろい先生の授業に参加しているときや、じっくり頭を使って考えているときでしょう。

　おもしろい先生の授業といっても、お笑い芸人のようなハイテンションな先生のことばかりをいっているわけではありません（そういう先生で、教科指導についても詳しい先生、本質的な授業をしてくれる先生は、多くないと思います）。

　一方通行だけでなく、グループワークやじっくり考えるチャンスをくれる先生、それもややテンションが低めで落ち着いた授業をしてくれる先生も、非常によい先生だと思います。

　そういう授業をしてくれる先生の授業時間や、数学でいえばパズ

ルのようなおもしろい問題を解いているときや、なんとなく「頭を楽しく使えている瞬間」が楽しいんだと思います。そして、「できた！」とか「わかった！」という瞬間。

　こういう時って、脳でドーパミンのような快楽物質が出ているんでしょう。楽しいですよね。ワクワクします。
　じゃあ、どうしてこんなにも復習はつまらないのでしょうか。

　おそらく、地味で面倒くさいからでしょうね。
　僕は新しい問題を解くのが好きだったので、「どうして1回やった問題をまた解かなきゃいけないんだ！」とひじょ～うに面倒くさく感じていました。
　そんな僕が「その日、次の日、日曜日」という標語までつくって「みんな復習しよう！」と言っていると、「なんだコイツ！」と思うかもしれませんが、一応、僕も復習を楽しむ方法を自分なりに編み出してきました。
　なんで授業中に言わなかったのかといいますと、こういうのは自分で編み出してほしいからなんです。

　みんなに嫌われるのを覚悟で言うと、そもそも勉強の方法ってのは、自分で編み出すべきものなんです。こうやって僕の授業を受けてくれる人は僕にとっては励みになりますし、「恩人」なのですが、みんなは「受け身」になっちゃいけない。僕が言うことをそのまんま正解だと信じて疑わない人にだけは、なってほしくない。必ず自分の頭でも考えてほしい。それをこの休み時間では伝えたいんです。

じゃあ、どうやって自分の頭で考えるのでしょうか。

　それはですね、「なぜ？」「どうしたら？」って考えることなんです。

> なぜ？
> どうしたら？
> って考えよう

　たとえば、「復習ってつまんないなぁ」と思ったとします。そうしたら、「なぜ、つまんないの？」って考えるのです。

　そして、「どうしたらおもしろくなるの？」って考えるんです。

　この考え方って、非常に重要なんですよ。

「なぜ？」「どうしたら？」という思考、これ、本当に大切なんです。

　24歳の若造の僕が「人生」なんて言葉を使ったらクレームが来ちゃうかもしれませんが、休み時間だから許してくださいね。この考えができるかどうかって、人生を楽しめるかどうかにもつながると思うんです。

　大げさだと思った人も、とりあえず話を聞いてください。

　これはちょっと僕、アツくなりますよ。

　たとえば、みんなが「つまんないなぁ」と思ったことをそのままにしておくと、本当に悪い循環が起こっちゃうんです。

　たとえば、勉強を「つまんないなぁ」と思ってそのままにしておくじゃないですか。そしたら勉強ができなくなって、ますますつまらなくなっちゃいますよね。

　学校では勉強しなきゃいけないんだから、勉強がつまらなくなったら授業そのものがつまらなくなっちゃう。

そもそも僕はいまの学校の授業スタイルそのものを変えなきゃいけないと思っているのですが、子どもたちはいまの仕組みでがんばるしかないんです。

　それを変えたかったら、大人になって、変えるムーブメントを起こさなくちゃいけない。しっかり歴史を一から勉強して、それ相応の発言力を得なければなりません（ぜひ皆さんにそういうチャレンジをする道に進んでほしいと思っています）。

　つまり、近くに自分にフィットした学校があって、そこに移れる人を除いて、多くの皆さんはいまの学校スタイルに適応しなければいけないわけです。すると、勉強がキライで授業がつまらなくなると、学校がつまらなくなりかねません。生活そのものがつまらなくなってしまいかねません。自分に自信がなくなったり、自分を否定的にとらえることになりかねません。

　だから、勉強はできるようになってほしい、本来は勉強って楽しめるものなのに、そのせいで学校生活がつまらなくなったらもったいない。そういう思いで僕はこうやって本を書いているんですが、みなさんにも毎日工夫してほしいんです。

　工夫が必要なんです。ちょっとの工夫で、勉強は楽しくなるんです。

　さらに続けます。そもそも自分の人生は（また人生なんて偉そうなことを言っちゃいましたね）、誰かがおもしろくしてくれるなんてことはないんです。そりゃ、授業がおもしろい先生もいるけど、つまらない先生もいます。その先生の授業に「つまんない」って文

句を言っていても、何も生まれないんです。自分でちょっとでもいいから工夫して、自分の手でおもしろくしていかないと。自分から仕掛けて、工夫するんです。とにかく、工夫なんです。

　これらをまとめて、ひと言で表すと、「なぜ？」「どうしたら？」を考えよう、ということになるんです。ね？　大切でしょ？
　だから、「つまんないなぁ」なんて言って逃げてちゃダメなんです。「だって勉強、つまんないんだもん」
なんてイイワケしてちゃダメなんです。
　何かをやるとき、「できる人は実現するための方法を探し出し、できない人はやらないイイワケを探す」と言います。
　前者のほうが、きっと人生を楽しめるはずです。

　もちろん、勉強しなきゃいけない、なんてことはそもそもありません。将来食べていける方法があって、勉強がどうしてもイヤだったら、その道に進むのも選択だと思います。
　でも、どの道に進むにせよ、ある程度基礎的な勉強をしておくことも大切ですし、多くの人はそういう道に進めるような特別な能力を持っていないでしょう（僕もその１人だと思って勉強からは逃げませんでした）。

　だから、勉強が楽しくなるようにするにはどうしたらいいかを常に考えるようにしましょう。

なんか話が大幅に脱線してしまいましたね（笑）。

偉そうに聞こえてしまったら、本当にごめんなさい。大事だと思ったから、ついカァーッとアツくしゃべってしまいました。ごめんなさい。

最後に、一応、僕がどうやって復習を楽しくしてきたか、という話をちょこっとだけ紹介します。

それは、友達と問題を作り合うんです。

「どっちがよい問題を作れるか」、そして「それを解けるか」で競うんです。

これ、一緒にやる人との相性にもよりますが、ライバルとやれば白熱しますよ。

そして、このゲームを究めていけば、かなり頭よくなりますよ。

なんたって、よい問題を作ることは、最高の復習方法ですから。

これがなんでよい復習になるかは、ぜひとも自分で考えてみてください。わからなければ、友達や家族で話し合ってみてください。

……あああ!!

またしゃべりすぎてしまいましたね!!

でも、今回は反省しません。だって、時間をかけて話したかったことですから。

よし、気分を切り替えて、3時間目に進んでいきましょう!!　3時間目は2時間目と密接に関係しますよ！

さぁ、がんばってついてきてくださいね！

ついてきてね！

3時間目

絶対にアタマに残る9つの記憶術

さぁ、3時間目に入りましたね。
ちょっとはこの授業スタイルに慣れてきたでしょうか。
休み時間ではアツくなりすぎてごめんなさい。
　次の休み時間でも、気分が乗ってきたらエンジンがかかっちゃいますので、僕の「キャラの崩れ方」を楽しみに（？）授業もしっかり聞いてくださいね。

では、前回の授業を覚えているか、確認テストです！
こういうところでサボらずに、必ず答えてくださいね‼
ほんとに‼
今回のテストでは、語句をつけてみました。

> ▶2時間目の授業（「復習法」）で習ったことを要約しなさい。ただし、以下の語句は必ず入れること。
> 「ぱなし勉強」「インプット型復習」「アウトプット型復習」
> _____
> _____
> _____
> _____

いかがでしたか。書けましたか？
　2時間目の最後に僕が「こんなことをやりましたね」と言った通りのものを指定語句にしてみました。
　ここらへんも、注意深く僕の話を聞いてくれていた人には、有利だったのではないでしょうか。

　さぁ、今回の授業に入りましょう。今回のテーマは、「記憶」で

す。

　先ほどの授業の「インプット型復習」を深く拡げる話です。

記憶には「短期」と「長期」がある

　記憶について考えるにあたって、「そもそも記憶って、なに？」というのを一緒に見ていきましょう。

　この話は聞いたことがある人も多いと思いますが、記憶って、2つに分かれるんです。

　何か知っていますか？

　それは、「短期記憶」と「長期記憶」です。

　短期記憶はすぐに忘れてしまうもの。長期記憶は長い間覚えているものです。

　一般的に、短期記憶は20秒から数分持つといわれています。短いですよね。

　長期記憶では、長いものは一生忘れません。

　皆さんが「覚える」とか「定着する」というのは、長期記憶を指します。

　すぐ忘れちゃう人は、短期記憶になっているんです。（＊1）

note 1

（＊1）たとえば、家族の名前は、よほどのことがない限り忘れませんよね。自分の国籍や出身地も。それらは、長期記憶になっています。その一方で、目の前を通った車のナンバープレートを覚えたとしても、かなりの確率で、次の日には忘れてしまいますよね。これは、短期記憶になっているのです。

どうやったら長期記憶にできるか

皆さんには、覚えるべきものがたくさんあると思います。

これからいろいろと記憶についてお話をしていきますが、覚えるべきものを「どうやったら長期記憶にできるか」と考えるようにしてください。

いいですか？

「忘れにくい」＝「長期記憶」

という構図を覚えておいてくださいね。

ここ、大切です！

一般的に、僕たちが「記憶」といっているのはこの長期記憶ですから、以下、長期記憶を「記憶」と表現することにします。(＊2)

はい、どんどんいきましょう。3時間目はいろいろと盛りだくさんです。

まず、ここで質問です。

以下の①〜⑥のうち、「これは記憶だ！」というものをチェックしてみてください。

- ☐ ①江戸幕府が開かれた年号を思い出すことができる。
- ☐ ②前回の体育の授業でやったスポーツを思い出すことができる。
- ☐ ③自転車の乗り方を思い出すことができる。
- ☐ ④自宅の電話番号を思い出すことができる。
- ☐ ⑤ポテトチップスの袋の開け方を思い出すことができる。
- ☐ ⑥昨日の夕ご飯に食べたものを思い出すことができる。

どうでしょうか。いくつチェックを付けられましたか。

では、答えを言います。
意外かもしれませんが、これらは全部「記憶」なのです。

「え？　昨日の夕ご飯？　記憶とかいうレベルじゃないでしょ」
「自転車の乗り方？　え？　またいでこぐだけでしょ？　そんなもの記憶とか言わないでしょ」
という声が聞こえてきそうです。

この時間では、皆さんに「記憶とは何なのか」という、記憶の基本を学んでもらおうと思います。
そのあとに、「じゃあ、どうしたらいいの？」という、毎日の勉強のコツを一緒に考えていきましょう。
具体的な説明に入る前に、もう1題、問題を続けます。
もう一度①〜⑥を見てください。これらを3グループに分けてください。
記憶は、大きく3グループに分けることができるんです。それを知るために、これらを分けてみてください。

note 2

（＊2）ちなみに、すべての情報を長期記憶にするのは、不可能です。というのも、脳にもキャパシティ（容量）があるからです。見たもの、聞いたものの中から、脳が本当に重要な情報として認識したものだけ、僕らは長期記憶するのです。ですから、この章を通して僕が伝えたいことは、「どうやって習ったことを、脳にとって重要だと認識させるか」ということです。それができれば、覚えたいものを覚えられるようになります。

面倒くさがらずに、やってくださいね。はい、スタート！

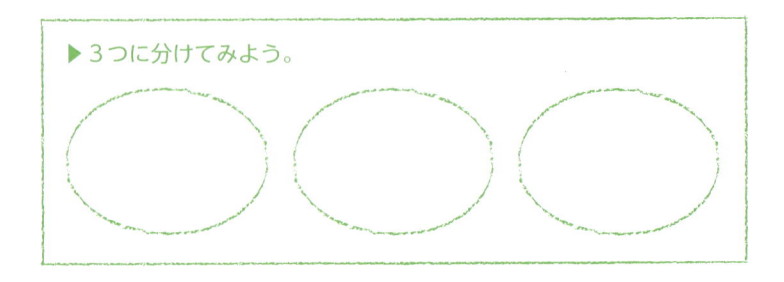

▶ 3つに分けてみよう。

終わりましたか？
答えを言います。
「①④」「②⑥」「③⑤」という3グループです。
できましたか？

3つの記憶グループ

どうしてこういう問題をやってもらったのかといいますと、この3つのグループが、記憶の基本だからです。
1つずつ見ていきましょう。
3つのグループの名前は、覚えなくていいですよ。

①④のグループ：「知識」として覚える記憶（意味記憶）

1つ目は、知識として覚える記憶です。専門用語では「意味記憶」といいます。この記憶は、皆さんにとって一番なじみのある記憶ではないでしょうか。

たとえばどういうものかといえば、教科書に書いてあることを覚えたりする記憶です。歴史の年号や漢字、英単語、数学の公式などを覚えることが、これです。

　皆さんは、そういうものを繰り返し覚えることで記憶しますよね。そうやっていままで覚えようとしてきたもの、正確にいえば「言葉を中心に構成された記憶」ということなのですが、そういうのを覚えることを指します。

　もちろん、繰り返しやるだけでなく、いろんなコツがあります。それは、後ほど説明します。

②⑥のグループ：「イベント」として覚える記憶（エピソード記憶）

　2つ目は、イベントとして覚える記憶です。「エピソード記憶」といいます。自分の行ったイベント（経験）と結びつけて覚えるのです。

　体育でやったことも、昨日の夕ご飯も、どちらも自分の行ったイベントと密接に結びついていますよね。

　これは、1つ目の「意味記憶」よりも覚えやすく、忘れにくいといわれています。

　歴史年号などの「意味記憶」が何回も繰り返して覚える記憶であるのに対して、「エピソード記憶」は1回で覚えることも可能です。

③⑤のグループ：「身体」で覚える記憶（手続き記憶）

　3つ目は、身体で覚える記憶です。「手続き記憶」といいます。これは「方法」を記憶することです。

これが、最も忘れにくい記憶です。

③と⑤以外ですと、走り方やお箸の持ち方などが挙げられます。

スポーツでいえば、バットの振り方やバスケットボールのシュートフォーム（シュートの打ち方）などがありますね。

皆さんには、「身体に染みついているよ」ということがあると思いますが、それがこれにあたります。

どんな人でも記憶力は鍛えられる

以上、3つに分かれるんです。

どうでしょう。意外と知らなかったのではないでしょうか。

先ほども言いましたが、「意味記憶」「エピソード記憶」「手続き記憶」という3つの言葉は覚える必要がありません。

その代わり、**「知識として覚える」「イベントとして覚える」「身体で覚える」**の3つは頭に入れておいてください。

まずは、「へぇ、なるほど。記憶って3つに分かれるんだ」ということを知ってください。

多くの人は、知識として覚える「意味記憶」で乗り切ろうとします。しかし、後者2つにカギは隠されているのです。(＊3)

エピソードと手続きがカギ！

記憶力が弱いと悩んでいる人は、記憶をする方法を知らないだけなんです。

すべて知識として覚えようとしても、そもそも無理な話です。

3つの記憶についてよく理解し、それぞれを組み合わせてうまく活かしていけば、記憶はしやすくなります。

そういう意味で、記憶力は鍛えられます。

では、それぞれをどう理解し、どう使っていけばよいのでしょうか。

ここでは、9つの記憶テクニックをお教えします。

「意味記憶」を利用する
スーパーナイン記憶術①何回も見る

まず、「知識として覚える」意味記憶から見ていきましょう。

これは、さっきも言った通り、皆さんのイメージでは「反復する」でしょう。

その反復ですが、もちろん非常に有効です。それについてまず、ちょこっとお話をしましょう。

そもそも、どういうタイミングで反復すればよいのでしょう。

思い出してください。前回の授業で「その日、次の日、日曜日」

---

note 3

（＊3）この本を書くにあたって、記憶に関していろんな本を読んでみました。もちろん、星の数だけといったら大げさですが、かなりの数の記憶術があります。でも、なんだか胡散臭いものも多くありました。中高生の皆さんが気楽に、そして（恥ずかしくない程度に）安心してできるもののうちいくつかを、ピックアップして紹介していきます。

と表現しましたよね。

それが、これにあたります。

エビングハウスの忘却曲線に沿った形で、「忘れるタイミングで復習する」のがベストなのです。

この反復っていうのは、本当にシンプルです。何度もやればいい。何度もやれば覚えられる。

1回にかける時間を長くするんじゃなくて、回数を増やすんです。

どうして家族の名前は忘れないのか

人間の脳が忘れっぽいというのは、前の時間にお伝えしましたよね。

でも、自分の家族や親友の名前は忘れませんよね？

それは、なぜでしょう。

家族や親友の名前は、皆さんの生活の中で何度も何度も出てきますよね。

その時に、脳が「これは重要だ。忘れちゃダメだよ」と命令を出しているからなんです。

だから、忘れないんですね。

脳に覚えさせるためには、何度も何度も繰り返せばよいのです。

何回も見ること、オーソドックスですが、とても重要です。

ちなみに、学校の授業では、以下のことをやるといいです。

それは、「授業が終わったあとの1分間、授業でやった内容を復

習する」こと、そして、「次の授業が始まる前の1分間、前の回でやった内容を復習する」ということです。

手っ取り早く成績を上げたい人のための、とっておきの方法

①授業が終わった後の1分間、授業でやった内容を復習する。
②次の授業が始まる前の1分間、前の回でやった内容を復習する。

この2つだけで、確実に成績が上がりますよ。②は、次の授業の予習でもオッケーです。

僕、講演会のオマケ話で、いつも最後に「手っ取り早く成績を上げる方法」をいくつか紹介するのですが、もし1つに絞りなさいと言われたら、これにしますね。

授業が終わるときと、授業が始まるときって、必ず1分くらいザワザワした時間があるじゃないですか。

先生がプリントを配ったり、周りの友達が席についたり。よく観察してみると、とにかく1分くらい余ってしまう。

実際に、先生って、その時間を見越して、50分の授業だったら45分と計算してやることを計画したりするんです。

先生としても5分くらいムダになっちゃうのは、織りこみ済みなんです。前後1分は、必ずザワザワして授業にならない時間が存在するんです。

その時間をうまく使いましょう。

実際、僕のこのメソッドを導入してくださり、成果が出ている学

校もあります。

東京の世田谷にある東京都市大学等々力高校に、飯田公彦先生という世界史の先生がいらっしゃいます。(＊4)

以前、同校での僕の講演を聞いてくださった飯田先生は、このメソッドを実際の授業で導入してくれたんです。それもシステマチックに、毎回です。

世界史という教科の特性もあるとは思いますが、これがバツグンの効果を出したんです。

飯田先生は、主要三教科（英数国）の重要性を強く感じておられる先生なので、「できる限り世界史の宿題は出さない」という方針を貫いています。つまり、ほぼ授業時間だけで覚える必要があるのです。

それで、バツグンの効果が出た。

クラス全員で予備校の全国模試を受けたときのことです。

なんと、世界史の平均の偏差値が、69だったんです。(＊5)

クラスの平均ですよ！　ありえないですよ、世界史の平均偏差値が69なんて。どこにそんな学校がありますか。全国の平均偏差値が50ですから、このすごさはいうまでもありません。

> note 4
>
> （＊4）東京都市大学等々力高校では、何度か講演会や講義をしています。校舎がきれいだし、とにかく設備が充実していて、ビックリ……！　最近、僕の母校である海城高校も校舎が新しくなりましたが、僕の卒業後の話……。ちなみに、東大の本郷キャンパスには非常に古い建物が数多くあります（でもグラウンドは新しい！）。

飯田先生からのご報告をいただき、僕は泣きそうなくらい嬉しくなりました。(＊6)

> 「意味記憶」を利用する
> ## スーパーナイン記憶術②無理やり見る仕組みをつくる

ちょっと話がズレてしまいましたが、要するに「何回も見ようね！」ということでした。

じゃあ、次にいきましょう。

2つ目のテクニックは、スーパーナイン記憶術①「何回も見る」が続かない人のためのテクニックです。

note 5

（＊5）東大（医学部を除く）の偏差値が70台ですから、クラス平均がそれくらいというのは、驚異的です。もちろん、世界史だけの入試はありませんから、他の教科次第ではありますが。それにしてもすごい！

note 6

（＊6）もちろん、飯田先生の卓越した授業の賜物なのですが（本当におもしろい授業です）、それを定着させるのに、少しでもお役に立てたことはいまでも誇りです。

こういう瞬間なんですよね、講演とか、勉強してメソッドを考えたりしてがんばってよかったと思うのは。「やはり、人は、誰かのために生きるのがいいんだな」と思った瞬間の1つです。

勉強っていうのも、誰かの役に立つためにやるものなのではないでしょうか。若輩者の僕が「誰かの役に立て」なんて偉そうなことは言えませんが、「誰かの役に立たせてもらえた」ときって、「あぁ、生きててよかったな、がんばってよかったな」と純粋に感じます。

「よし、今日から何回も復習しよう！」と思っても、忘れてしまう人向けのお話。

　うっかり続かなかったり、途中で面倒くさくなってしまったり。

　多くの人は自分を責めて、「あぁ、意志が弱いからだ。私って、ほんとダメだなぁ」と思うことでしょう。

　でも、ちょっと待ってください。

　実際にやれない人は、数多くいるんです。

　中学生・高校生だった時、僕も最初はできませんでした。

　でも、受験生の時は、スムーズにできました。

　僕がその時にしたこと、それは「仕組みづくり」でした。

「仕組み」という言葉は、ひょっとしたら皆さんには馴染みのない言葉かもしれません。

　どういう意味か、ひと言で表現するならば、「自分の気持ちに左右されないで行う」ということです。

「テンションの高い低いにかかわらず、勝手にその行動がなされる」ということです。

やる気が出ないときでも実行できます

　たとえば、こういうアイデアがあります。

　これは、僕が学校の中間テスト・期末テスト前や、大学入試センター試験前、二次試験前にやっていたことなんですが、「家のドアに付箋を貼る」というものです。名づけて「暗記ドア」です。

　どういうことかといえば、ちょっと次の写真を見てください。大きめの付箋ってあるじゃないですか。

これに覚えたいことを書いて、家のドアに貼るんです。

ドアに貼ってどうするのかといえば、「それを覚えるまで、ドアを開けてはいけない」というルールをつくるんです。

すると、否応なしに覚えなきゃいけないことになります。どうでしょう、ちょっとおもしろくないですか？（笑）

「暗記ドア」（ドアに付箋を貼る記憶術）

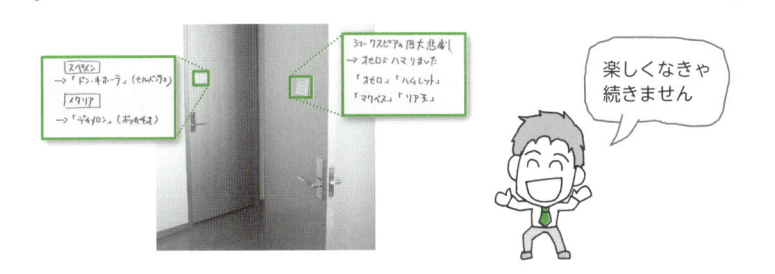

楽しくなきゃ続きません

たとえば、トイレに行くとき。

トイレに行きたいときは、必ずといっていいほど急いでいますよね。でも、トイレにたどり着くまでにはいくつかドアがありますよね。そこに付箋を貼っておくんです。

もちろん、トイレのドアもある。そこにも貼っておくんです。「覚えなきゃトイレに行けない！」という危機感のもと、必死で覚えることができます。

そして、「間に合った……」という安堵感とともに、あっ、間に合わなかったら冗談にもならないんですが（笑）、安堵感のもと自分の部屋やリビングに戻りながら、今度はそのドアの裏側に貼ってある付箋を覚えていくんです。

これ、結構おもしろいですよ。ゲーム感覚でできますし、本当に知識はバンバン増えます。

　楽しくやれると思います。僕の信条として、「楽しくなきゃ続かない」というのがあるんですが、これは楽しくやれる人も多いと思います。

　僕は試験前、この記憶テクニックを用いて、毎回テストを乗り越えていました。

　ただ、毎日やっていると疲れちゃいますよね……。テスト前、追いこむとき限定でやるといいと思います。（＊7）

　もう1つ、仕組みとしてときどきやっていたのが、「覚えたいことをテープに吹きこんで、風呂場で聞く」という方法です。

　カセットテープってあるじゃないですか。ちょっと懐かしい感じですかね？　まさか知らないとかはないですよね？　iPodしか知らない人がいたりして。

　僕が小学生の時はＣＤをカセットテープにダビングしてたんですが、あっ、ＭＤというのもありましたね、ちっちゃい四角いやつ。知らないかな？

　すみません、とにかくこのカセットテープを使うんです。これに覚えたいものを自分の声で吹きこんでいく。

> **note 7**
> （＊7）仕組みをつくるときは、「無理なく続けられる」というものにしましょう。無理をしている場合、必ずと言ってよいほど続けられません。そして、できる限り楽しめるよう、自分なりに工夫しましょう。

あまり長いものでなければ30分テープでもいいし、長めのものだったら120分テープに入れていく。

　そして、常にお風呂で聞くんです。

　え？　「機械が濡れちゃって壊れる」だって？　まぁまぁ、そこは工夫しましょうよ。

　僕は、コンビニとかスーパーのレジ袋に入れてからグルグル巻きにして、聞いてました。少なくともオシャレではないですけどね（笑）。中学生の頃からやっていましたが、1回も壊れませんでしたよ。防水仕様でなくても、レジ袋を再利用するだけで使えますので、皆さんもグルグル巻いちゃってください。

　自分なりに工夫してみよう！

　まぁ、ここでのミソは、「お風呂に入るときは、必ずテープを回す」というルールをつくることなんです。

　もちろん、毎日じゃなくてもいいですよ。

　たとえば、「定期試験の2週間前から」とか「小テストで不合格だったら、次回合格するまで」とか、自分なりのルールでいいんです。あまり負担になりすぎないほうがいいですよね。そもそもお風呂っていうのは、リラックスできる場所なんですから。でも、もし「いま成績を上げたいんです！」という人はやってみてください。

　実際、声に出したり、耳から聞いたりするのは、記憶の面でも効果的です。科学的に実証されていますので、ぜひともやってみてください。

「エピソード記憶」を利用する
スーパーナイン記憶術③人に教える

次は、エピソード記憶を利用して、暗記をしていきましょう。
エピソード記憶は、自分のイベントに結びつく記憶でしたね。

普段やらない行動によって、「あぁ、あの時にやった、アレか」と思い出すのがエピソード記憶です。
これは、「人に教える」というのがベストです。
「〇〇君（さん）に教えたところ」として、忘れにくくなります。

僕の具体例をお話ししましょう。
高校１年生の時のこと。Ｔという友人がいました。そのＴは変わっていて、頼んでもいないのに、「わからない問題ない？　教えてあげるよ」と聞いてきてくれる、なんともいえないくらい優しいやつでした。Ｔは数学がとても得意。僕は、あまり得意ではありませんでした。
そのＴに喜んで教えてもらっていましたが、彼が教えてくれたのは、数学の問題だけではなかったんです。
ある時、彼はこう言いました。
「清水、数学がデキるようになりたかったら、僕が教えた問題を他の人に教えてみるといいよ」
「なんとまぁ、おもしろいことを言うやつもいるもんだなぁ」と思いながら、半信半疑で、僕よりも数学ができない友人Ｓをつかまえて、Ｔと同じことをやってみました。
「ねぇ、わからない問題ない？」と。

Sは数学が苦手どころか、高校2年へ進級するのすら危うかったので、「頼む！　助けてくれ！」と懇願されました。

　ついでに英語も教えさせられたのですが、Sは英語も数学も、中学の最初のほうから理解できていなかったんです。

　Sができるようになるにつれて、質問の量も増えていきました。

　たとえば、「なんで"go to there"って言わないの？　なんで"go there"なの？」とか、「二次関数のこの典型問題のグラフって、どこから描き始めたらいいの？」といった具合です。

　だんだん質問も難しくなってきて、ときどき、「ゲゲゲ、わからない……」というところが出てきたりもしましたが、「質問ない？」と自分から言っておいて、「ごめん、わからない」だと恥ずかしいので、「えーっと、それはねぇ……、それは……あー、そうそう、ちょっとこのノート貸してね……」なんて言っている間に必死に頭を回転させていました。

　これが大事なんですよね。人に教えると、自分がわかっていないところもわかるようになるんです。

　さらに、人に教えているとき、会話は音声で成り立っています。**自分の声を聞いたり、相手の声を聞いたり、情報が耳から入ると忘れにくくなるんです。**

　そういう意味でも、人に教えることは頭に残りやすくなります。

ここ、ポイントです。(＊8)

> 「エピソード記憶」を利用する
> ## スーパーナイン記憶術④友達と問題を出し合う

　その他のイベントでいえば、友達とゲーム感覚で競って覚えるというのがあります。

　特に暗記物って、1人でやっていると、おもしろくないじゃないですか。そういうつまらないものは、友達を巻きこんで一緒にやるのがいいんです。

　定期試験などのテスト前をイメージしてください。そういう時に、友達と一緒にやるとバツグンの効果が出ます。

　放課後に友達と一緒にやってもいいですが、僕のように意志の弱い人は、友達と一緒に遊んでしまうので、同じようなタイプの人はまず家で覚えるのがよいでしょう。

家で覚えて学校に早めに来て、友達と問題を出し合うんです。

　そうすれば、「あの時に、あいつと一緒にやったな」、「あの時、

（吹き出し：学校で問題を出し合ってみよう）

note 8

（＊8）実際、最もよい復習のやり方は、「人に教えること」なのではないでしょうか。人に教えているつもりで、結局、自分がいろいろと学んでいるのです。1冊目の著書では「ママを生徒にしよう」と書きましたが、家族の中に話を聞いてくれる人がいれば、お願いしてでも、教えさせてもらいましょう。

自分は答えられなかったな」などと印象に残り、忘れにくくなります。

それだけではありません。前の休み時間のコラムにも書きましたが、自分で問題を作るというのは、とっても大事なのです。

もちろん、「鎌倉幕府が開かれたのは何年？」のような簡単な一問一答問題だと話は別です。問題を作るにあたって、ほとんど頭を使いませんから。まあ、それでもよいのですが、もっとよいのは、できる限り本質的な問題です。

具体的にいえば、「授業のまとめになるような問題」がよいでしょう。たとえば、「鎌倉幕府と室町幕府を比較して、政治体制はどう変わった？」など、答える側が、「おっ、丸暗記問題じゃないな」と身構えるような問題です。(＊9)

「エピソード記憶」を利用する
スーパーナイン記憶術⑤図鑑やインターネットで調べる・質問する

「調べる」という行為も、記憶に残りやすいイベントです。
「あぁ、あのとき調べた、アレだな」となりますよね。

note 9

（＊9）「良問を作ったほうが勝ち」という勝負にすると、白熱するし、力がつくと思います。その教科の先生に採点してもらうのもいいですね。いい問題を作ろうとして気づくことは、1つ。それは、「先生って、大変なんだな」ということ……。僕も数多くの教材を作ってきましたが、良問を用意するのって、とてつもなく膨大な時間がかかるのです……（涙）。

できれば、疑問はテスト前でなく、もうちょっと余裕があるときに解決しておきましょう。

　たとえば、英語でつまずいた文法があれば、その文法を使った洋楽の曲をインターネットで検索してもよいでしょう。

　世界史の文化史で絵画が出てきたら、その画像を検索して見ることができます。また、近くの美術館でそれに近いものがあれば、実際に見に行くこともできます。(＊10)

アクションが記憶させてくれます

　理科も、博物館や科学技術館が近くにあれば、見に行ったりできるかもしれません。

　テスト前だと切羽詰まっている場合がほとんどですから、なかなかそういう時間も取れませんよね。だから、できる限り余裕があるときに、疑問を解決しようと探求するのがよいのです。

　わからないところを質問する、というのもよいですよね。

note 10

（＊10）これは1時間目にお話をした、指揮者の小澤征爾さんがヨーロッパに渡ったのと同じ行動ですよね。小澤さんがヨーロッパに渡った動機は、実際に本場のものを見て、その世界に入りたい、というものでした。たとえ近くに自分の見たいものがなくてもあきらめちゃいけない。可能であれば長期休みなどに遠出して、実際にその世界に入ってみるとよいと思います。もし、世界旅行に行きたい、と考える人がいたら、おススメの本があります。『深夜特急』（沢木耕太郎／新潮文庫）です。僕が中学時代に読んだノンフィクションの中で、最も印象的だったシリーズです。

もし、授業中に質問してもよい授業であれば、恥ずかしくない範囲で質問をしてみるといいでしょう。

みんなの前で質問をするのは緊張したり、恥ずかしくなったりするとは思いますが、その恥ずかしい気持ちが、あとで「授業中に質問したアレか！」といったように、思い出しやすくしてくれます。（＊11）

以上２つをまとめると、「**わからないところは、積極的に解決するアクションを起こそう**」ということになります。

そのイベントが、記憶を定着させてくれますからね。

「手続き記憶」を利用する
スーパーナイン記憶術⑥丸暗記せず、導き方を身につける

では、次は３つ目の記憶である、「身体」で覚える記憶、つまり"手続き記憶"について考えてみましょう。

どういうものか、覚えていますか。

「身体で覚えているよ」というもので、キーワードとしては、「方法」を記憶するというものでしたね。

そして、これが最も忘れにくい記憶であることも言いました。

note 11

（＊11）僕は、苦手な科目（理科）の授業が終わったら、できるだけ先生のところに行って、質問をしていました。特に質問することがなくても、何か考え出して、とにかく質問をしていました。いま振り返ると、かなり面倒くさいやつでしたね（笑）。いちいち付き合ってくださった先生方には感謝しています。

自転車の乗り方や、お箸の持ち方などですね。

では、勉強だと、どういうものが同じといえるのでしょうか。
最もわかりやすいのは、数学でしょう。

僕には、2人の兄がいます。一番上の兄とは7つも歳が離れていて、次に、僕よりも2つ上の兄がいます。
下の兄は数学が得意で、僕はさっき言った通り、あまり得意ではありませんでした。
その兄の名言として忘れられないことがあります。
それは、「俺は公式を覚えない」という言葉です。
本当に覚えないんです。まったくといっていいほど、覚えない。
覚えるのは面倒くさいと思っているようで、さらにいえば、覚えるのが美しくないと思っていたようです。

「数学の公式を覚えるのはやめましょう」という話ではありません。（＊12）
僕が兄から学んだのは、「数学の公式を暗記しても、その公式の本質を理解していなければ、難しい問題は解けない」ということでした。
そして、「その公式の本質は、公式を導くプロセスにある」とい

note 12

（＊12）この話をすると、「じゃあ、数学の公式を覚えないよ」と言いだす人がいますが、本当に危険なのでやめましょう！　試験は時間が限られていますから、大得意でない限りは、覚えてしまうのが結果的には吉です。

うことでした。

　導き方を覚えてしまうと、忘れないんですね。これは他の科目でもいえます。
　では、どうしたら忘れにくくなるか。
　それは、「なぜ？」を繰り返すことなんですね。

**　むやみに結果を覚えようとするのではなく、「なぜ？」を繰り返して、より深いところから、それをどうやったら導けるのかを考えるんです。**

　ちょっと難しい言葉で言えば、論理を大切にするということなのですが、これは高校生になったら絶対に大切にしなければなりません。
　なぜかといえば、高校生くらいになったら、丸暗記するのが苦手になるからです。（＊13）
　中学生、特に小学生なんかは、丸暗記が大得意なんです。脳の構造的に、そういうものなのです。高校に入って、「あー、私、小学生の時はもっと暗記できたのになー。頭が悪くなったのかな」と思ったことはありませんか？
　それは、頭が悪くなったのではなく、脳が変化しただけなのです。そして、みんながそうなるのです。だから、安心してください。

note 13

（＊13）高校に入る前くらいの年齢から、そのように脳の構造が変化するのです。論理立てて覚えないと、忘れてしまいます。これは、すべての人に起こることですから、覚えておきましょう。

丸暗記せずに「なぜ？」を繰り返し、プロセスを習得してください。かっこよくいえば、What（覚えること）にWhy（なぜ？）を繰り返し、How（プロセス）を身につけるということです。

その他のテクニック
スーパーナイン記憶術⑦関連づけてゴロ合わせをする

　それでは、その他のテクニックを紹介します。
　ゴロ合わせも大切な暗記テクニックです。
「ゴロで覚えても意味ないよ」という人もいると思いますが、僕は別の意見を持っています。

　嫌いな科目や苦手な単元では、「どうしても覚えられない！」ということは数多くあります。
　そのような人に「ゴロ合わせはダメだ！」といって、無理やり暗記させてしまおうとするのは、悲しい結末になるだけです。
　そういう時は、とにかくゴロでもなんでもいいから覚えてしまって、その科目を得意にしてしまったほうがいいと思うんです。

　そうすれば、徐々にその科目への興味も湧いてきますし、どんどん深く学びたくなるはずです。

　実は、僕が忙しいなかで東大に現役で合格できたのは、ゴロ合わせの力だと言っても過言ではありません。
　僕の中でのゴロ合わせは、古文と世界史で威力を発揮しました。
　まずは、古文。（＊14）

『古文単語 ゴロ565』（アルス工房）という古文単語帳を知っていますか。いまでは公私ともにお世話になっているのですが、著者の板野博行先生という方は非常におもしろい先生で、受験の古文で頻出の古文単語をすべてゴロ合わせにしてしまったんです。全部ですよ！　全部ゴロ。

つまり、このゴロを覚えてしまうだけで、入試の古文単語はオッケーなんです。これは、かつて『ゴロ513（ゴロゴサーティーン）』という単語帳だったんです。皆さんは知っているかわかりませんが、ゴルゴ13（ゴルゴサーティーン）という漫画があるんです。それをもじって、ゴルゴ13風の主人公が表紙で、という単語帳。うちの2人の兄もこれを使って大学に合格していました。

救世主『ゴロ565』

> 僕を救ってくれました

note 14

（＊14）僕が通っていた中学の学年主任の先生がとてもよい先生だったんです。古文のおもしろさを教えてくれたのですが、高校1年生の時、先生が変わってしまい、どうも古文がおもしろくなくなってきたんです。単語も難しくなってくるし、どうしたらいいんだろう、と悩んでいた時に出会ったのが、『ゴロ565』です。

僕もこの単語帳のおかげで、古文は得意になりました。

　じゃあ、ゴロで単語を覚えたところで、古文には興味が湧かないかといえばそんなことはありません。いまでも『源氏物語』や『方丈記』などはわざわざ本を買って読みますし、15世紀のものであれば、『風姿花伝』などは大好きな本の1つです。(＊15)

　そして、ゴロで覚えずに必死に教科書や他の単語帳で覚えようとしていたら、逆に古文がキライになっていたはずです。

　確かに、ゴロで古文を覚える「だけ」ではいけないと思います。それでは、あたかも古文が日本語ではないみたいです。古文は美しき日本語の原型です。そして、さらに言えば、美しき人生観の宝庫です。それをゴロで終わらせてはいけないのです。

　でも、僕自身、ゴロとうまく付き合うことでどこまでも古文を好きになることができましたし、古文を好きになる「キッカケ」としては非常によい本だったと思います。

できるだけゴロは自分で作ろう

　続いて、世界史です。

note 15

（＊15）原文を読むのがイヤな人は、入門編から始めるといいでしょう。おススメなのは、講談社の「すらすら読める」シリーズ。読み仮名も、現代語訳も解説もついているので、初学者でも「すらすら読める」良書です。

僕は高校3年生で世界史を始めました。

通っていた学校では、当時、世界史の授業が高校3年までほとんどなかったからです。

いまでは顔から火が出るほど恥ずかしい話ですが、高校3年の春まで「ナポレオンがどこの国の人か」すら知らなかったんです。あー、恥ずかしい。そして、日本史も履修の関係上、高3の春の段階で、江戸時代までしか終わっていませんでした。

東大の文系は、センター試験で地歴（世界史・日本史・地理）の中から1科目を選択し、さらに二次試験で2科目選択するので、かなり本格的にやる必要があります。私立では1科目でもいいですし、国立大学でも一橋大学のように二次試験では1科目で大丈夫な大学もあるので、2科目の東大はかなりキツかった。

それなのに高3の春に、社会がまったくといってよいほど仕上がっていなかったんです。

しかも、覚えることが最も多い世界史に、まったく手をつけていなかった。もう悲劇ですよ、悲劇。(＊16)

でも、どうしても東大の教育学部に入って教育学をやりたいという目標があったので、「なんとかしよう」と思いました。

そこで僕が考えた方法は、世界史をすべてゴロにする、というやり方でした。

note 16

(＊16) センター試験では、文系も理科を、理系も社会をそれぞれ受験しなければなりません。もちろん、英語も数学も国語も大変です。そういったなかで世界史（最も暗記量が多い）を始めるとは、もはや「無謀」でした。

なんかこうやって書くと、古文と同様、「清水は勉強をバカにしている」なんて思われるかもしれませんが、歴史はいまでも勉強し続けているくらい好きなんです。歴史小説もしょっちゅう読みます。だから、誤解しないでください。

とにかく、どうにかして東大の教育学部に入りたかったんです。(＊17) それで、先史時代からすべてゴロを作りました。

ゴロというと、「いい国（1192）つくろう　鎌倉幕府」みたいなのが有名ですが、そういうゴロではありません。

これだったら、年号しか覚えることはできません。

でも、入試では年号だけでなく、携わった人やその歴史的意義、あとはたとえば「○○条約が結ばれた場所」のような地理的な知識も問われます。とにかく、大学入試の世界史は幅広いんです。年号だけじゃ、ダメなんです。

そういうわけで、僕はすべてが入ったゴロを作ろうとしました。

年号だけじゃなく、人名や、その他諸々が入ったゴロを作ろうとしました。

note 17

(＊17) ちょっと脱線しますけど、習いたい教授がいたんですよね。14歳で教育問題に関心を持ち始めて、いろいろと本を読んでいくなかで「この人に教えてもらいたい！」と思うようになった。だから、他の学部でもダメだったし、他の大学でもダメだった。東大の教育学部以外は受けていません。正確にいえば、センター利用（センター試験利用入試）で早慶は受かりましたが、とにかく東大の教育学部だけしか頭にありませんでした。だから、そのためには、効率を求めた勉強しかなかったんです。

たとえば、世界史で「紀元前1379年にアメンホテプ4世は、アマルナに遷都し、イクナートンと改名した」という事項があります。これをどうやって覚えるのかといえば、「意味無く行くな、飴余る」って覚えるんです。そうすれば、「意味無く（1379）行くな（イクナートン）、飴（アメンホテプ4世）余る（アマルナ）」とすべてが一気に覚えられる。

年号がなくても、たとえばシェークスピアの四大悲劇『オセロ』『ハムレット』『マクベス』『リア王』であれば、「オセロにハマリました」とかで覚える。「ハ（ハムレット）」「マ（マクベス）」「リ（リア王）」ました、ってことです。

こういうゴロを自分で作ると、本当に忘れにくくなります。普通のゴロじゃなく、いろいろと関連づけてゴロにするんです。

では、どうやって作るか説明しましょう。

まず、ある年号とそれに関連する重要語句を書き出すんです。さっきの年号であれば、1379年の横に、アメンホテプ4世、アマルナ、イクナートンと語句を書き出す。それで「うーん」と考えて、ゴロを考えるんです。簡単でしょ？

ゴロ作りって最初は慣れないと思いますが、慣れてくるとおもしろくなってきます。

ここで書けないような恥ずかしいゴロも作りました。でも、自分しか見ないものだし、覚えられさえすればオッケーなので、ぜひと

もやってみましょう。

　もちろん、すべてゴロで覚えるのがいい、と言っているわけではありません。ゴロを作るのが苦手な人は、どうしても覚えられないものだけゴロにすればいいと思いますし、ゴロを作るのが得意な人は、こうやって大量に作っていけばいいでしょう。

　また、何人かの友達と一緒にシェアしたりして、よりよいものがあったらそれを参考にして作り直してもいいでしょう。(＊18)

その他のテクニック
スーパーナイン記憶術⑧「朝飯前」をたくさんつくる

　僕の好きな学者に、外山滋比古(とやましげひこ)さんという方がいます。

　実は中学時代から好きで、中学1年生の時に読んでいた本の中に『ちょっとした勉強のコツ』という本があります。

　そこには、外山さんのおもしろい習慣が書かれています。

　外山滋比古さんは、朝飯前のような時間だと難しいこともさっさとできてしまうといいます。それを踏まえて朝飯前を一日に多く増やしておられるそうです。わざわざ遅めのブランチをとって、昼寝

note 18

（＊18）うまいゴロの作り方は、市販のゴロの参考書を一読してみるといいでしょう。歴史年号でも構いませんし、英単語でも構いません。それらの本をパラパラ見て、「なるほど、こうやってゴロを作るんだな」と勉強してみてください。20分くらい見ればだいたいわかると思いますし、作っていく過程でコツはつかめるようになります。

して、夕飯までにもう一度「朝飯前」をつくられるのです。

なんと、ユニークなお方なんでしょうね‼ でも、これ、科学的にもよいと聞きます。
どうしてか。
人間は空腹の時は興奮状態になり、頭がよく働くのです。

> 空腹時は集中できます

僕も昔から実践しています。
実は、いまこの本を書いている時間も、夕飯直前です。かなり、お腹がすいています（笑）。

食後は胃腸に血液が集中するので、できる限り、帰宅後すぐに勉強してみましょう。
もし、テスト当日で切羽詰まっていて覚えることがたくさんあるときは、早起きして朝飯前に終わらせてしまうのも吉です。

その他のテクニック
スーパーナイン記憶術⑨睡眠時間はしっかり確保する

最後のテクニックは、「睡眠時間を確保する」です。
「え？ 覚えることに寝ることが関係あるの？」と思うかもしれません。

関係あるどころじゃありません。「密接に」関係あります。もはや、睡眠なしには記憶は語れません。それくらい大切です。

そもそも、僕らはどうして睡眠を取らなければならないのでしょうか。

　それは、身体と頭を休めるためです。ここを納得してくれない人はいないでしょう。

　この「休める」というのが、ポイントなのです。

> 睡眠も勉強のうちです

　頭を休めるときに、人間は、記憶の整理をしているんです。

「これは大切な情報か、それとも忘れていい情報か」と整理をしているのです。

　もし睡眠を十分に取らないと、整理する時間が十分に与えられないということになります。

　すると、どうなるか。

　整理されないわけですから、大切な情報として記憶されることはなくなってしまうわけですね。

　しっかり勉強したら、その分、しっかり睡眠を取る必要があるんです。

　あっ、あれと同じ感じですよ！

　小学校で「家に帰るまでが運動会です」って校長先生がおっしゃっていましたよね。

　つまり、こんな感じです。

「睡眠をしっかり取るまでが勉強です」

　うーん、あんまりおもしろくないですかね？（笑）

　以上が記憶のテクニック９つでした。

参考になったものは、ありますか？（＊19）

　少しでも「いいね！」と思うものがあれば、今日から実践してみてくださいね。
　はい、じゃあ、3時間目は以上です。

休憩です

note 19

（＊19）もし、「記憶」に関心を持ち、さらに深く学びたい人がいたら、池谷裕二先生の本を読むといいでしょう。脳の海馬の研究者として有名な先生ですが、勉強と記憶について数々の本を出版されています。この本を書くにあたっても、『記憶力を強くする』（講談社ブルーバックス）や『だれでも天才になれる脳の仕組みと科学的勉強法』（ライオン社）等を参考にさせていただきました。

休み時間

記憶に関する僕の「そもそも論」
～そもそも、記憶ってどこまでしなきゃいけないの？～

　授業が長引いてしまったため、時間が押していますね。
　せっかくの休み時間が……今回は、短めに語ります。

　前回の休み時間でお話をした内容とも近いです。前回のを覚えていますか？
　そうですね、「なぜ？」「どうしたら？」を日々考えよう、そもそも自分の人生って、自分でおもしろくするものだよね、というお話でした。

　では、まず、皆さんに質問です。
　「頭のいい人」ってどういう人ですか？

　うーん、これはかなり難しい質問ですよね。
　でも、頭に浮かべてみてください。
　どうでしょう。

　ひょっとしたら、こんな人が浮かんだかもしれません。
　「いろんなことを知っていて、いろんなことに詳しくて……」な人。
　物知りで、どんな質問にでも答えてくれる人です。
　確かに、物知りな人はかっこいいですよね。僕もそういう人には憧れています。

学校では優等生でしょう。テストの点数も高いでしょう。だって、テストなんて暗記でなんとかなりますから。
　でも、僕には疑問アリ、です。
　なぜか。
　それは、コンピュータでも代わりになるんじゃないか、と思うからです。
　あー、また極論を言っちゃった。

　もうちょっと、丁寧に言い直します。
「その知識、コンピュータで検索したら出てくるのではないだろうか？」
「僕らは、もっと先に行かなきゃいけないのではないだろうか？」
ということです。

　ここだけの話、僕、なんか悔しいんですよね。
　最近のGoogleとか、めちゃくちゃ頭いいじゃないですか。なんでも検索すれば出てくる。
　検索用語を間違えて入力したら、「これが検索したかったんじゃないですか？」みたいなのも出てくる。
　iPhoneだってどんどん進化してる。もはや、最新の4Sは会話できるじゃないですか。もうビックリですよ。
　いままでは僕らが検索をしていたのですが、これからは「あなたの知りたい情報は、これじゃないですか？」なんてコンピュータから推薦してくるらしいですよ。しかも、それに違うとか合っているだとかいってると、コンピュータは学習しちゃうらしいし。
　悔しいの僕だけなんですかね。

こんな時代なのに、僕らっていまだに暗記ばっかりやってるじゃないですか。
　大学入試に出るのは、暗記でなんとかなることばかり。
　英語「を」学ぶことばかりで、英語「で」学ぶことをしない。
　数学だって「暗記だ！」と声高に言う人たちも多いし。いろんな想いがあって言ってるんだろうけど、間違ってとらえちゃう人も多いことも事実だし。

　そういう暗記中心の入試で、「どれくらい我慢できるか」は測定できる。「我慢する力がつくから入試はこのままでいい」なんて言う人もいるくらい。
　おいおい、それは本末転倒でしょう、と。

　じゃあ、結局、中高生はどうすればいいんでしょうかね。
　このまま暗記をしていてよいのでしょうかね。
　確かに、昔は知識をどれだけ持っているか、が価値でした。
　でもこれからは、どうなるのでしょうか。

「問題化能力」が必要になる

　僕らには何ができるのでしょうか。「学ぶ」とは、何なのでしょうか。
　2010年、TEDという講演会で僕は「問題化能力」の必要性を訴えました。
　それは、難しく言えば「既存の思考の枠組を疑う」ということで、

TEDの講演は、YouTubeでも見ることができます。

簡単に言えば、「常識を疑う」ということです。（＊20）

　コンピュータは従来の考え方そのものに問いを立てることはできません。
　プログラミングという僕らがつくった「枠」の中で、優秀に機能を果たしてくれるだけです。

　もし、天動説があった時代にコンピュータがあったとしても、疑いもなく、コンピュータは天動説を主張し続けるでしょう。
　でも、コペルニクスは、違いました。
　地動説を主張したのです。

　またまた極論を言えば、別に細かい知識なんて覚える必要なんて

note 20

（＊20）もちろん、疑ってばかりいてはいけません。やるべきことはやりながら、です。義務を果たさずに、主張ばかりしていても、かっこよくないですよね。

ないと思うんです。
「だってテストに出るんだもん」という人、うーん、それは仕方ないからがんばってください。

そんなテストをつくっている先生を恨みましょう。そういう入試をつくる大学を恨みましょう。

確かにやるべきことはやらなければなりません。いまはとりあえず、歯を食いしばっていろいろ覚えて、将来、このおかしな教育を変えましょうよ。

話が逸れますが、僕は14歳で教育問題に目覚めたんです。
当時は、「ゆとり教育問題」が騒がれていた頃です。
ニュースを聞いていると、「1987年生まれ以降は、ゆとり教育で新課程になるよ」と言われていました。
僕らは新課程第一世代、つまりゆとり第一世代だったんです。
日曜日の討論番組では、いろんな偉い学者たちが、真剣に「子どもが馬鹿になる」と議論していました。
当時の14歳の僕、そこで、ふと疑問が浮かんできました。
「えっ、なんで僕らは実験される側で、大人がつくった法律なのに、バカにされなきゃいけないの？」と思っていました。憤りすら覚えました。

そこからですね。いろんな方にインタビューしたり、レポートを書き始めたのは。中学時代には教育関係者、合計100人以上に取材をしました。
教育評論家の尾木直樹さんなど、著名人の方々にもご協力いただ

きました。

　でも、そうやって取材したりレポートを書いたりしていたとき、本当に楽しかったなぁ。
　調べて調べて、聞いて考えて。わからなくて、また聞いて考えて。その繰り返し。
　あの時があったから、いまの自分がいます。
　実際、そこで教育問題に関心を持ったことが、いまの仕事につながりましたからね。

　そもそも、勉強のおもしろさはそういうところにあるはずです。
「頭を使って、皆でうんうんとうなって考える」という作業こそ、創造的で楽しいんです。
　無理やり、覚えさせてその知識量で競うなんて、そんな時代ではないはずです。
　そんな教育をしているのは、日本を含めた東アジアの一部の国だけです。

教育評論家の尾木直樹さんと僕（14歳）

僕は、暗記が不要と言っているのではありません。
　この現状を疑わないことが危ないと思うのです。

　知識は、うまく検索できる人であれば、インターネット上にころがっている知識を使えば、それで構わないと思うんです。
　僕らが最もすべきことは、その知識を使って「なぜ？」という問いを立てることなのではないでしょうか。
　僕の尊敬している教育学者の佐藤 学先生は、数々の著書の中で、「獲得し記憶し定着する学び」から「探求し反省し表現する学び」への転換を主張されています。
　皆さんも、どういう教育がよさそうか、ぜひとも考えてみてください。

　あー、なんだかんだ、結構時間を使ってしまいましたね……ごめんなさい。チャイム、鳴ってしまいました。

　……とまぁ、僕もこんな偉そうなことを言いながら「やっぱり物知りのほうがかっこいいよなー」なんて思って、読書にいそしんでいるんですけどね（笑）。あー、かっこ悪い、かっこ悪い。
　まぁ、それはそれ、これはこれということで！（笑）。

　さぁ、学ぶって本当に何なのでしょうね。
　教育は、そして僕ら人間は、どこに行くのでしょうか。

4時間目

三日坊主で終わらせない続けるコツ

では、4時間目に入っていきましょう！

昼休みが近いですし、お腹がすいている人も多いと思います。

でも、お腹がすいているいま、ここで集中できるかが勝負です。

どうしてか？

それは、3時間目の授業内容を思い出してくださいね！

さあ、集中していきましょう！

まず、前の授業の復習からいきましょう。

3時間目はたくさんやりましたから、こういう質問でいきます。

▶3時間目で学んだ記憶方法の中で、あなたが今日から始められることは何ですか？

どうでしょう、書いてくれましたか？

「今日から始める」ということが、とにかく大事なんです。

寝たらいったん記憶が整理されて、忘れてしまうかもしれないですしね！

実は、この「今日から始める」ということ、4時間目のテーマに大きく関係してきます。

では、授業内容に入っていきましょう！

たった1つのことで人は変わる

もしいま、自分を変えたいけど、なんとなく気分が乗ってこない人は、とにかく、1つだけ僕の言うことを聞いてください。

たった1つだけで構いません。

いいですか？　たった1つだけです。

それは、「今日から何かを始めてみる」ということです。

これだけで、人は変われます。これは、本当に大切なんです。

どんなちっちゃなことでもいいので、今日から何かを始めてみるのです。

> 始まりは
> 全体の半分である

僕が好きな言葉で、「始まりは全体の半分である」というギリシャのことわざがあります。

今日から何か、ちょっとでもいいので、変えてみてください。

よく「意識を変えよう」という人もいますが、僕はなかなか、人の意識って変わらないのではないかと思っています。
意識っていうのは、行動がともなってはじめて変わるものだからです。
むしろ、意識だけ変わっても行動がともなわなければ、自己嫌悪におちいってしまいますよね。苦しいだけです。

今日から、何か新しい行動を始めてみましょう。
「始まりは全体の半分」です。始めさえすれば、半分は終わりなんです。
重たい腰が持ち上がれば、それだけで半分、自分は変われるのです。
半分というのは50%ですから、十の位を四捨五入したら100%ですよ、すごいですよね。……ってごめんなさい、これは冗談です（笑）。**（＊1）**

note 1

（＊1）ローマのホラティウスの書簡詩第一巻にも「はじめたとは、半ばはできたということ」とあるようです。最初は腰が重いものですが、いざ始めてみると、かかる負荷は急に減っているものですよね。（『ギリシア・ローマ名言集』柳沼重剛編／岩波文庫）

「継続」というハードルをどう乗り越えるか

始めるだけで50％。では、残りの50％とは、何なのでしょうか。

イメージしてみてください。
新しい行動を始めてみたあなたは、その直後に大きな問題に直面するでしょう。
それは、「継続」という問題です。
何かを始めても、続かないという人は非常に多いと思います。
まず何かを始めた自分を褒めてあげてほしいところではありますが、それでも悩ましいことは、悩ましい。

継続には、何が関係あるのでしょうか。
おそらく、皆さんの馴染みのある言葉で言えば、モチベーションということになるでしょう。この時間では、主にモチベーションについて考えてみたいと思います。

よく中学生・高校生から「モチベーションが続きません」という相談を受けます。本屋さんに行ってみても、モチベーションを維持・向上する本、たくさん売っています。（＊2）

note 2

（＊2）それだけモチベーションで悩んでいる人が多いということですよね。かなりの人がモチベーションを上げたいと願っている世の中……。モチベーションが低いことで悩む世の中……。うーん、正直、ちょっと悲しいですね……。

また、心理学では、どうやったら学習意欲を出せるか、という議論は散々なされています。

　もちろん心理学系の本も、教育工学系の本も大量に読みました。どれもよいことが書いてありますし、すばらしい本が数多くあります。
　でも、なんかしっくりこないのです。

　僕は、モチベーションに関して、とてもシンプルに考えています。
　そして、ちょっと人と違う考え方を持っています。
　極端にいえば、モチベーションという言葉は、あまり使わないほうがいい気がしてならないのです。
　なぜなら、モチベーションというのは、得体の知れないものだからです。
　もちろん、ムズカシイ専門書を何冊も読んでいますから、頭では理解しています。でも、それでもなお、よくわからないのです。

モチベーションって何？

　明確な目標を持てば、モチベーションが向上・維持されると言う人がいます。
　ただ現実には、自分にとって「これだ！」という目標が決まっても、3日くらいしたら忘れてしまう。それを見た専門家は「もっと具体的にイメージして！」「心の底から情熱が湧き出るようなものにしましょう」と言うかもしれません。

でも、それって可能なんでしょうか。

そもそも僕らにオリンピック選手が持つようなモチベーションみたいなものを持つ可能性があるのか、とかもよくわからない。

偉い人の言う「私がここまで来られたモチベーションというのは……」みたいなのは、どうもちょっぴり後付けっぽく聞こえるし、**モチベーションに関して唯一いえることは「その人は成し遂げた結果、モチベーションがあった」ということだけ**だと思うのです（ほんと口が悪くてごめんなさい、ちょっとここらへんは若気の至りの発言ばかりです。出版後に反省するんだろうな……）。

別に僕は心理学を否定しているわけではなく、賛同者を求めているわけではありません。ただ純粋に、モチベーションってよくわからないね、と言いたいんです。

モチベーションとは、何なのか。多くの人がモチベーションと言っているのは、「テンション」と厳密にどう違うのか。

とにかく、よくわからないのです。明確に答えられる人はいるんでしょうが、その人に聞く「モチベーション」が湧かないというか。

すみません、僕のこの感覚を理解してくれる人、いるんでしょうかね。いたら本当に嬉しいです。

そして、「清水の言うことは絶対に違う！」という人は、すみません、ここは聞き流してください。

そういうわけで（？）、僕は、モチベーションという言葉をあまり信じていません。

何かもっとよい、別の言葉があるのかもしれませんが、もしくは創ればいいのかもしれませんが、ごめんなさい、ちょっと浮かばな

いです。もし万が一浮かんだら、それで1冊本を書きますね（笑）。
楽しみにしていてください。

「モチベーション幻想」にだまされるな！

　さらに続けますと、まぁモチベーションという言葉を認めたとしても、**「そもそも、モチベーションなんて続かなくて当たり前だ」**という気がするのです。
　モチベーションが下がること、それは当たり前なのではないでしょうか。
　ある程度の負荷をかけて、何かをやろうとすると、モチベーションなんて続くはずがないんです。

　世の中には、「モチベーション幻想」みたいなものがあると思うんですよね。
　できる人は、強靭な精神力で、常に高いモチベーションを維持している、みたいな。(＊3)

note 3

（＊3）多くの人が誤解している「モチベーション幻想」。これ、結構キケンだと思うんですよね。話を聞いていると、この誤解により、「モチベーションが上下する私は弱い人間だ」→「自分に自信が持てない」→「私、自分のことがキライ」となってしまう人もいるようです。……やはりモチベーションという言葉のせいか……？（ごめんなさい、ちょっと言い過ぎかもしれませんね……）

でも、そうなのでしょうか。

勉強に関して、自分の過去を振り返ってみても、モチベーションなんてバラバラだったように感じます。

僕は自分のことをできる人間だとは思いませんが、周りの尊敬する方々を見ていても、モチベーションが常に高い人っていないように思えるんです。

だって、晴れた天気の時は、気分がいいじゃないですか。やる気が、満ち溢れたりしますよね。

その一方で、寒かったり曇っていたり、雨が降っていたら、僕らも元気がなくなっちゃったりもする。

人間ってそんなものだと思うんです。(＊4)

だから、モチベーションが下がったところでまったく気にしなくていいんです。

こんなことを言ったら怒られるかもしれないのですが、「モチベーションが続かないんです」という相談は、「ご飯を食べても食べても、数時間したらお腹がすいてきてしまうんです」という相談と

> note 4
>
> （＊4）モチベーションを上げようと、「ああでもない、こうでもない」と悩むよりも、外に出て太陽の光を浴びたほうが、ずっと前向きになります。僕はそうしています。なんかうまくいかない日は、太陽の光を浴びるか、たくさん寝るか。意外と、僕らって、僕らが考えるよりずっと単純なのではないでしょうか。

同じ気がします。ちょっと、言い過ぎかな？（笑）。でも、本当にそれくらいなんじゃないかと。

「できる人は常にモチベーションが高い」という「モチベーション幻想」には、くれぐれも気をつけてください。
　この幻想が皆さんを苦しめているのではないか、そういう気がしてならないんです。

　では、本当は何が大切なのでしょうか。
　少なくとも言えることは、常に高いモチベーションを維持するような「超人的な心の強さ」ではありません。（＊5）
　むしろ、**モチベーションは上下するという前提に立って、それに振り回されないような「仕組み」をつくることが大切**なのです。
　これが僕のモチベーションに対する考え方です。

　話をまとめると、継続的に勉強したい人は、次のことを意識してください。

　それは、継続するための「仕組み」をつくるということです。

note 5

（＊5）ひたすら我慢に我慢を重ねられる人、そんな強靭な心を持っている人なんて、ほとんどいないはずです。僕の好きな言葉は「ゆっくり急ぐ」です。常に高いモチベーションでダッシュするなんて、現実的ではないんです。疲れるだけです。

以下、どんどんコツをお教えします。

継続するための4つの「仕組み」
①健康的な生活を送る

それでは、1つ目である、仕組みづくりについて考えていきましょう。

これだけでも1冊の本になるくらいの情報量はあるのですが、昼休みも近いので、短くまとめます。

「あれ？　最初の仕組みがコレ？」と思う人もいるかもしれませんが、健康的な生活リズムが、最も大切な仕組みです。

どんなにやる気があっても、寝不足だったりすると、うまく気持ちが乗るはずがありません。

免疫力が高まっている状態、つまり、よく寝て、よく噛んで食べて、身体を温めている状態（できれば頭寒足熱）、そういうところに気を使いましょう。継続する「志」を支えるもの、それは身体以外の何物でもないのです。(＊6)

> 頭寒足熱が基本です

note 6

（＊6）僕は大学に入った頃から、「健康オタク」なところがあって、栄養や睡眠についての関心が強く、人一倍勉強してきたつもりです。最近はそのマイブームは去りつつあるのですが、僕がいまだに大切にしていることは、「よく噛んで食べて、身体を冷やさず、よく寝る」ということ。ひと言でかっこよく言えば、「免疫力を高める」ということです。あっ、ちなみに、そんなわけで、冷たい飲み物はいつも「氷抜き」で注文しています。ほんとです！

継続するための4つの「仕組み」
②マシンになり、簡単なものから始める

「勉強ができない」という中高生の相談に乗るとき、「マシンになればいいじゃない」と言うと、意外とおもしろがってくれます。

どういうことかと言うと、「何をやろうかな」とか「どれくらいやろうかな」とか悩んでいないで、「〇時から〇時までは〇〇をやる」と決めちゃって、あたかも自分がマシンになったかのように勉強すればいい、ということなのです。

いろいろと考えれば考えるほど、行動から遠ざかっていきます。「この時間はこれ！」というように自分の中でルールをつくって、淡々とやればいいのです。

「いつ何をやるか」というルールづくりにあたって、知っておいてほしいことがあります。それは、**最初にやることは簡単なことにしてほしい**ということです。できれば、計算ドリルのような、本当にマシンのように、機械的に身体を動かすようなものがいいです。

> 簡単なことから始めよう

なぜなら、興奮状態をつくることによって、弾みをつけることができるからです。

「側坐核（そくざかく）」という器官を聞いたことがあるでしょうか。脳の中に感情を司ると言われている大脳辺縁系（だいのうへんえんけい）にあるものです。やる気が出たり、出なかったりするのに、大きく関係していると言われています。身体を動かすと、これが刺激されるのです。

だから、勉強の最初は、ガァーっと身体を動かすような、簡単で

勢いのつく作業がいいのです。

動いていれば、側坐核が刺激されて、自然とやる気は出てくるのです。

もちろん、やりたいものがあるのに、無理やり計算問題をやる必要はないですよ。

まぁ、少なくともやる気がないときは、身体を動かして計算問題をガァーっとやっちゃってください。(＊7)

継続するための4つの「仕組み」
③好きな科目とセットにする

学校の時間割で、こういう経験ありませんか？

たとえば、「水曜日はキライな科目だから行きたくない」とか、「金曜日は好きな科目ばかりだから楽しみ」のような。僕は中高時代、そんな感じでした。大学、とりわけ大学院は取りたい授業だけ取ればいいですから、最近はすっかり楽しいだけになってしまいました。

その日に勉強する教科選びも気をつけないと、「この日はやる気

note 7

（＊7）そうそう、計算で思い出しました。「計算力がないなぁ」もしくは「計算ミスがひどくて…」と悩んでいる人は『計算力を強くする』（鍵本聡／講談社ブルーバックス）を読んでみてください。計算力を鍛えるヒントが詰まったおススメの1冊です。マンガ版（『マンガで読む 計算力を強くする』）もありますから、小学生や中学生はマンガ版からスタートしてみてもいいですね。

満々」「この日はまったくダメ」みたいになりかねません。ルールをつくるにあたっては、好きなこととキライなことをセットにしましょう。キライなことばかりやっていても、続きません。もし、数学がキライで社会が好きな人は、数学を時間で区切って先に終わらせてしまい、その次に社会をやりましょう。

　セットの仕方ですけど、「サンドイッチ」にする場合は気をつけてください。
「キライなもの→好きなもの→キライなもの」の順ならいいですが、「好きなもの→キライなもの→好きなもの」としてしまうと、最初の「好きなもの」から2番目の「キライなもの」に移らずに終わってしまうこともあります。

　自分に合った組み合わせ方を、調べてみてください。

「サンドイッチ」は順番に注意！

○
キライ
好き
キライ

×
好き
キライ
好き

順番に気をつけよう

継続するための4つの「仕組み」
④友達と待ち合わせをする

　これは、1人だと続かない人向けのコツです。と言っても、僕もそうですが、多くの人は1人だと続かないと思うので、できればみんな聞いてください。

　ウソみたいなホントの話をしましょう。
　栃木県にある、とある高校で講演をしたときのこと。せっかく栃木に行ったので、放課後も残って生徒たちの相談に乗っていました。そこで野球部の生徒から相談をもらいました。簡単にまとめると「部活動で疲れちゃって、家に帰ると寝ちゃうんだ」という話でした。「朝早く学校来るのはどう？」と聞いてみたら、「1人じゃ、孤独ですよー」と言われたので、思い切ったことをしてみました。
　それは、その学校に「朝勉部をつくる」ということです。
　朝勉部とは文化部で、活動内容は、とにかくみんなで朝に集まって勉強をするというもの。それだけです。
　一応、みんなで話し合った結果、優しそうな先生に顧問で入ってもらい、部長が出欠表を取って顧問の先生に提出する、というシステムにしてみました。怖い先生にすると、なんか強制的に来させられている感じで、罰ゲームみたいでイヤじゃないですか（笑）。だから、優しい先生に入ってもらいました。(＊8)

note 8

（＊8）やはり生徒だけではうまくいきませんよね。目上である先生に入っていただくというのも、ある意味では「仕組み」の1つになったのかもしれません。

この朝勉部、な、な、なんと、いまでも続いているらしいんですよ。ひゃー、信じられない。
　でも、結構おもしろくないですか？
　学校も巻きこんでやっちゃって。先生もご理解ある方々で、よかったです。
「そこまで学校が面倒をみる必要あるのか！」なんて怒られるかもしれませんが、教室はどうせ開いてますし、先生はたまに生徒が持ってきた紙にハンコを押すだけです。もし皆さんの中で少しでもおもしろいと思った人がいれば、先生に相談してみるといいかもしれません。
　この本をキッカケに、「全国の学校で朝勉部ブーム！」みたいな社会現象になったら嬉しいです。って冗談ですよ（笑）。

　はい、4時間目ということで、お腹が極限状態になってきたと思いますから、これくらいにしておきましょう。
　お腹がすいた状況で頭が働くとは思いますが、限界までは挑戦しなくていいですからね（笑）。

　じゃあ、昼休みです。50分後に午後の授業を始めることにしましょう。

　午後はお腹が満たされて、眠いでしょうから、あまり「お勉強」とは関係ない話をして、僕の授業を終わりにしようと思っています。

あっ、食べ過ぎは禁物ですよ！

理由は……前回の授業を見直してくださいね！

あと、よく噛んで食べること！

昼休みです

昼休み

モチベーションに関する僕の「そもそも論」
～そもそも、モチベーションって気にしなきゃいけないの？～

　はい、それでは、昼休みに入ります。
「昼休みになんで話すんだよ、メシくらい１人で食べさせてくれよ」と思った方、ごめんなさい（笑）。
　とにかく今日１日で、言いたいことをすべて言い尽くしたいので、すみません、食べながら聞いてください……。

　モチベーションについていろいろと僕の考えをお伝えしましたが、実は先ほど、言えなかったことがあります。
　それは、「モチベーションが下がらないものは、１つだけある」ということです。
　何でしょうか。
　皆さんが常に高いモチベーションを維持できるもの、それは……。

「好きなこと」です。
「なーんだ」という声が聞こえてきそうですが、ここって本質だと思うんですよね。
　好きなことをする場合、そもそもモチベーションって言葉自体が意味ないというか、そういう感じですよね。

> 好きなこと
> のモチベーション
> は下がりません

　じゃあ、じゃあ、ですよ、もし、いろんな科目を全部好きになっ

てしまったら、モチベーションなんて言葉、そもそも要らなくなっちゃうんじゃないの？と思うわけです。

「またまた、清水が極論言ってるよ……」とバカにされるかもしれません。でも、シンプルに考えたら、そうですよね。
　ここがモチベーション論の本質だと思うんですよね。
　おもしろくないから、「モチベーション」なんてものをわざわざ考えなきゃいけなくなっているような気がするんです。
　ね？　そうでしょ？（＊9）

　実はですね、僕、いつかこれをやりたいんですよ。

　これって、何かって？
　いや、つまり「勉強の楽しさ」をひたすら伝えるってことですよ。
　僕は図鑑をつくりたいんです。
「図鑑？」って思いますよね。そうです、勉強の楽しみ方に関する図やいろんなコツが詰まっている、宝箱みたいな図鑑です。紙じゃなくて、電子書籍でもいいですけどね。
　勉強を「どうやって続けるか」は多くの人が語っていますが、「各教科の楽しみ方」を体系的に語った本はありません。
　僕はいつか、すべての教科のすべての単元の「ここがおもしろい

> note 9
>
> （＊9）先ほどの話につながりますが、モチベーションの本が売れるということは、シンプルに考えて、楽しい生活を送っていない人が多い、生活に満足できていない人が多いということですよね。うーん、やっぱり何かおかしいですよね。

!!」という部分だけを集めた図鑑みたいなものをつくりたいんです。

　もちろん、僕はすべての教科の専門家ではありませんから、1人では書けません。いろんな方に助けてもらってです。(＊10)

　その図鑑を通していろんな教科をおもしろがってくれれば、学ぶ楽しさを知る人が増えてくれるんじゃないかと思うんです。

　2時間目と3時間目の間の休み時間にしゃべりましたが、勉強がつまらないと学校がつまらなくなっちゃうじゃないですか。

　それ、キツイですよね。だから、より多くの人に、学ぶことがおもしろいってことを知ってもらいたいんです。

　そもそも、学問というのは何千年も続いているわけですし、それの集積と区分がいまの教科なわけですから、すべて、どれもおもしろいはずなんです。

　それに人生を捧げてきた人が、過去に何億人もいるわけですから、きっと楽しめるものだと思うんですよね。

note 10

（＊10）職業図鑑『13歳のハローワーク』（幻冬舎）を書かれたのは村上龍さんでした。好奇心を入口にしているこの本と出会ったときは衝撃的でした。僕がこの本を読んだのは大学に入ってから、しかもその時はすでに会社を起こしてしばらくしてからでした。でも、もし、こういう本を中高時代に読んでいたら、いまとは違った人生を歩んでいたのかもしれません。

　職業選択系の本でおススメをもう1冊挙げるとすれば、『「なりたい！」が見つかる将来の夢さがし！職業ガイド234種』（坂東眞理子／集英社）です。職業だけでなく、「なるにはどうしたらいいか」が詳しく載っていて、全体として非常に興味深く読みました。

「勉強なんてつまんないから、社会に出るまでの我慢だよ」なんて暴論を吐く人がたまにいますが、間違っているように思えるんです。んー、間違っているというのは言い過ぎかな。もったいない、と思うんです。だって、勉強は楽しいはずだから。

じゃあ、教科を楽しむって、どうしたらいいのでしょうか。
大きく分けて、2つのやり方があります。

「教科を楽しむ」2つの方法
①「できること」を増やす

「あれ、教科に関係ないじゃん!」と思った方、一応、ここも本質的なことだと思うので、ここから始めさせてください。

間違ってとらえている人が多いと思うんですが、「好きだからできるようになる」だけでなく、「できるから好きになる」というのも、間違いなくいえます。だって、問題が解けてばかりいたら、気分がいいですからね。もちろん、すべて解けたらつまらなくなるでしょうが、そんな人はいないでしょう(いるかな?)。

だから、手っ取り早くその教科を好きになりたければ、最初にがんばって得意にしちゃうというのがいいでしょう。

すると、勝手にハマっていくでしょう。3時間目までに話したことを実践して、得意にしちゃってください。まずは、そこからです。

……と言うと、「いやいや、そうとは言うものの、できないものはできないんです……」みたいな感じになるでしょうから、とりあえず次にいきましょう。

これだけで何百ページ、何千ページの図鑑をつくりたいくらいですので、今回は抽象的、かつサワリだけで、ごめんなさい。

「教科を楽しむ」2つの方法
②興味の入口を探す

　とにかく、自分の好きな入口を探してみましょう。
　すべての科目について、ここでは書ききれないのですが、とりあえず英語について紹介していきます。

●**音楽**：洋楽を聞いてみましょう。好きな曲を見つけて、その歌詞を調べ、歌えるよう丸暗記してしまいましょう。僕は中学生の頃は、ビートルズやグリーン・デイの曲をずーっと聞いて覚えていました。

●**洋書**：簡単で好きな洋書のシリーズが見つかればベストですが、日本の漫画を英訳したものもあります。好きな漫画の海外版を読んでみるのも、見方が変わっておもしろいですよ。

●**英語の漫画**：もちろん、英語の漫画でもいいと思います。とはいえ、やはり日本の漫画のほうがおもしろいです。漫画は日本が世界に誇る文化ですね、本当に。

●**洋画**：まずは字幕アリのものからみるとよいでしょう。好きなものがあれば、何回もみましょう。登場人物の気に入ったフレーズがあれば、暗唱してみましょう。「僕の好きな映画のフレーズはね」と、英語でスラスラ言える人、僕は純粋にかっこいいと思います。

●**英語の名言**：映画のフレーズに近いですが、英語の名言集はおススメです。「英語 名言」とAmazonで検索してみるといいでしょう。「僕の座右の銘はね」と英語で言ったら……まぁ、言い過ぎはアレですけどね（笑）、やっぱりかっこいいですよ。

●**外国人と友達になる**：これができたらベストでしょう。でもフェイスブックやツイッターなどもありますからね。不可能な時代じゃないでしょう。一応、SNS等は使うにあたっていろいろと気をつけてくださいね。

●**英語の日記を書く**：僕の友人のバイリンガルは、これをやっていたそうです。その子はTOEICが満点で、英検1級を持っている人。これは間違いなく効果は出るでしょう。これが好きだと言う人は、英語力アップが約束された人といってよいでしょう。

● **TEDを見る**：高校生であれば、インターネットでTEDと検索してみてください。世界の講演動画が無料で見られます。公式サイトで見れば、なんと日本語字幕も付けられます。僕も日本版で出たことがありますが、英語「を」学ぶのではなく、英語「で」学べるという点で、最もよいリスニング教材の1つでしょう。

　ね？　いろいろありますよね？
　本当はもっとあるんですよ。さらに、もっと具体的に「このサイトがいい」とか「この本がいい」とか書きたいのですが、ほんとごめんなさい。時間の問題で、正確に言えばページ数の問題で（笑）、ダメなんです。勘弁してください！

おもしろさを教えてくれるおススメ本

　数学も、国語も、理科も、社会も、教科を楽しむコツ、たくさんあるんです。

　おもしろさを伝えてくれる本を以下に紹介するので、もし時間があれば目を通してみてください。

●**数学**
『数の悪魔』ハンス・マグヌス・エンツェンスベルガー／丘沢静也訳／晶文社
『数学物語』矢野健太郎／角川ソフィア文庫
『5分でたのしむ数学50話』エアハルト・ベーレンツ／鈴木直訳／岩波書店
『数学は世界を変える　あなたにとっての現代数学』リリアン・R・リーバー／水谷淳訳／ソフトバンククリエイティブ

●**国語**
『創作力トレーニング』原和久／岩波ジュニア新書
『禅語百選』松原泰道／祥伝社新書
『あさきゆめみし』大和和紀／講談社漫画文庫

●**理科**
「Newton」ニュートンプレス
『宇宙の秘密の鍵』スティーヴン・ホーキング、ルーシー・ホーキング／さくまゆみこ訳／岩崎書店
『ホーキング、未来を語る』スティーヴン・ホーキング／佐藤勝彦訳／ソフトバンク文庫

『4％の宇宙』リチャード・パネク／谷口義明訳／ソフトバンククリエイティブ
『科学の扉をノックする』小川洋子／集英社文庫
『アバウトアインシュタイン』竹内薫／中公文庫
『タイムマシンのつくりかた』ポール・デイヴィス／林一訳／草思社文庫
『世界を変えた素人発明家』志村幸雄／日経プレミアムシリーズ
『空気の発見』三宅泰雄／角川ソフィア文庫

●**社会**
『社会の真実の見つけかた』堤未果／岩波ジュニア新書
『代表的日本人』内村鑑三／鈴木範久訳／岩波文庫
『深夜特急』沢木耕太郎／新潮文庫
『風の男 白洲次郎』青柳恵介／新潮文庫
『坂の上の雲』司馬遼太郎／文春文庫

　昼休みの話は、以上です。
　5時間目は、もうちょっとしてから始めます。
　ちょっと休んで待っててくださいね！

5時間目

勉強を下支えする驚異の読書力

みなさん、それでは、最後の授業を始めましょう。

たった5時間という短い時間でしたが、終わりとなると淋しいものです。

まず最初に、ここまで話を聞いてくれて、ありがとうございました。

僕は好き勝手に、特に休み時間は本当に好き勝手に話しているので、話す側ってあまり疲れないんです。

でも、皆さんはよく最後まで聞いてくれました。本当にありがとうございました。

両親から、ずっと言われてきたことがあります。

それは、「世の中で一番大事なものは、時間である」ということです。

そんな貴重な時間を割いてくれたことに、心から感謝します。

僕なりに一生懸命考えてきたことを話してきました。あと1時間、お付き合いをお願いします。

さぁ、もはや恒例になりました、確認テストです。

4時間目に習ったことをまとめてもらいます。

次の問題に答えてください。

いよいよ、最後です

> ▶勉強を楽しむために、あなたが今日から始められることは何ですか？
> ①
> ②
> ③

今回は3つですね。

人間がカンタンに覚えられるのは、3つまでと言います。

だから3つに絞って、これらを覚えて、今日から始めてみましょう。

いいですね、今日からですよ！

では、最後の授業に入っていきましょう。

最後は、そんなに「お勉強」には関係のない話をします。

とはいえ、僕はこの話をするのを心から楽しみにしていました。

ひょっとしたら、今日の授業の中で、いま一番ワクワクしているかもしれません。

何をお話しするのかと言うと、「読書」なんです。つまり、本を読むことについて。

「本を読まなきゃダメ」と言っているのではない

まず最初に、皆さんに言っておきたいことがあります。

それは、この授業では、「絶対に本を読まなきゃいけません」という話をするのではないということです。
　僕は最低でも年間300冊を読んではいますが、「本を読んでいるやつがエライ」なんていうことはまったくありません。むしろ、そうじゃないということを知るのが、読書の意味だとも思っています（難しくてごめんなさい、いまのは聞き流してください）。

　別に、どうしても読みたくない人は読まなくていいのではないかと思っています。
　そもそも、本は読まなくても生きていくことができます。

　よく、世間では、「最近の子どもは本を読まない」と言われますが、そんなことはありませんね。
　世論調査の結果から、特に中学生までは、大人より読書をしていることがわかります。（＊1）
　自信を持ちましょう。
　そもそも、「近頃の若者は」という言葉は、「今年の台風は強いです」と同じくらい、毎年言われていることなのです。「近頃の若者は」にはたいてい、根拠のないことが多いですし、「近頃の若者は」っていうのは何千年も前からずっと言われてきたことなのです。

僕らは昔の人より本を読んでいる

　要するに、皆さんのうち多くは、そこそこ読書をしているのです。だから、「本を読め！」ということを言いたいんじゃありません

（まったく読んでない人は、この5時間目の授業を聞いて、ちょっとでもおもしろそうだと思ったら、読んでみてください）。

　せっかく、そこそこの冊数を読んでいるのであれば、読書について一緒に考えてみてもいいんじゃないか、って思うのです。

note 1

（＊1）たとえば、文化庁の「1か月に何冊くらい本を読むか」という調査（平成20年度「国語に関する世論調査」参照）によれば、「本を読まない」と答えた人は、成人（16歳以上）で46.1％もいます。また、読まない人も含めて、「2冊以下」の人は82.2％もいます。なんとまぁ、月に3冊以上の本を読んでいる人は、5人いても1人いるかいないか、ということになります。ここからわかることは、「僕らは本を読まなくても生きていくことができる」ということです。

　ちなみに、皆さんのような中高生はどれくらい読んでいるのか、見てみましょう。

　毎日新聞社が2009年に行った「第55回読書世論調査」によれば、1か月の平均読書冊数は、小学生は8.6冊、中学生は3.7冊、高校生は1.7冊です。

　「本を読むことが好きか」という質問に対しては、小学生の8割、中高生でも7割以上が「好き」（大好き＋どちらかといえば好き）と答えています。

　1か月に1冊も読まない人の割合は、小学生が5.4％、中学生が13.2％、高校生が47.0％です。高校生になると一気に増えますね。読書冊数に関していえば、「朝読書」を学校で取り入れているかが大きく関係していると思います。

　皆さんの学校に「朝読書」という時間があるかわかりませんが、「朝の読書推進協議会」の調査によれば、2011年12月9日現在で、全国で26,969校もの学校が「朝読書」を取り入れています。内訳は、小学校が16,638校、中学校が8,264校、高校が2,067校です。

　ちなみに、全国に小学校は約2万校、中学校は約1万校、高校は5,000校ありますから、小学校と中学校はほとんど「朝読書」を取り入れているけど、高校は半分も取り入れていない、ということがわかります。

　やはり、「朝読書」をしているかどうかが、読書の冊数に大きく関係するのでしょう。

読書は義務じゃないからおもしろい

本について皆さんにお話をするにあたって、「読書」をテーマにした本を数十冊読んでみました。ほとんどが、「本はおもしろいから読もう」という趣旨で書かれているのですが、中には「本を読まなければいけない、それは義務だ」と書いてあるのもあります。

読書について一緒に考えてみよう

まぁ、そういうのも本になっているわけですから、本を読んでいる人に、「本を読め」と言っているわけです。あまり意味ないですね。あっ、この本もそうですね（笑）。

僕は、義務だとは思っていません。
むしろ、義務になると、逆につまらなくなってしまうように思えます。
「なんだ、義務じゃないのか。読め読めとしか言われてないぞ。じゃあ、読まないよ」と思う人もいるかもしれません。
でも、皆さんに考えてほしいことは、義務じゃないこと、ひょっとしたらムダに思えることに、おもしろい宝は埋まっているのではないかということです。
だって、そうでしょ？ テレビだって、漫画だって、映画だって、カラオケだって、義務じゃないから楽しい。

「テレビを1日4時間みて、定期的にその考察と感想文を提出しなさい」という課題が出たら、もうつまらなくなる。

だから、**「義務じゃない」、つまり「自由だ」ということが、楽しむスタート**なのです。

「でも、朝読書は義務だよ」と言う人もいるでしょう。

まぁ、そこらへんはあまり難しく考えないでくださいよ（笑）。

義務でやらされていても、自由だと思うことは自由です（これ、結構深いことを言っているつもりです）。

主体的におもしろさを見出してみましょう。

要するに、せっかく読んでいるわけだし、気楽に読書について考えてみましょうよ、そういうスタンスです。

読書には2種類ある

まず、読書は大きく2つに分かれます。

1つは、「何かを得ようとするため」の読書。

情報を取りに行くという意味で、僕はこれを「能動的読書」と名づけています。

もう1つは、「楽しむため」の読書。何かを得ようとしているわけではありません。

ただ単に、本の世界に飲みこまれに行く。そういう意味で「受動的読書」と名づけています。

おそらく、中高生の皆さんは、後者のほうが多いでしょう。

中高生が読む本のランキングを見る限り、小説や芸能人のエッセイなどが多い。

映画化されたり、ドラマ化された本が多いですね。やはり、これらは後者でしょう。(＊2)

読書には２種類ある

能動的読書 　　　受動的読書

もちろん、「能動的読書と受動的読書のどちらがよいか」なんて議論は、おかしいです。基本的に、好きな本を読むのがいいです。推理小説でも、エッセイでも、芸能人の本でも、ライトノベルでも、なんでもいいでしょう。本がキライになるよりは、よっぽどいいと

note 2

（＊2）ドラマ化された本の中では、佐藤多佳子著『一瞬の風になれ』（講談社）は中高生にとって読みやすくてよいでしょう。分厚い３冊の長編ですが、青春を感じながら、あっという間に読み終えてしまいます。僕は大学２年生の時に読んでいたので、ドラマ化される前ですね。軽快な文章に引きつけられ、数日で読み終えました。

思います。

とはいえ、能動的読書と受動的読書のどちらかに偏るよりも、両方のバランスを取れると、かっこいいと思います。「前者と後者、そもそも2つあるんだよ、できたら2つに分けて読んでみてね」ということを言いたかったんです。

では、読書の意味ってなんでしょう。

僕は読書が好きすぎるので、20個も30個も挙げたいところですが、あまり挙げると説教くさくなるので(僕はそれだけは避けたい。だって僕もギリギリ同世代の若者だから)、あえて3つだけにしました。しかも、3つ目は挙げたことになるのか……(笑)。

読書の3つの意味
①知らない世界に会える

真っ先に挙げられるのは、これでしょう。

小説であれ、随筆であれ、自分の知らない世界に会うことができます。

僕たちは毎日、「普通に」生きているだけでは、自分の世界しか見ることができません。

でも、世界には70億人もの人がいて、70億の人にとって、1人に1つずつ世界があります。

その人が生きてきて、40年とか50年とか60年くらい考えて、悩んで学んできたものに会うことができる。

しかもそれが数百円から1500円ぐらいで買えるなんて、「お買い得」という表現を使うには失礼すぎるくらいですよね。

読書の3つの意味
②言葉を知ることができる

　次に、言葉について挙げられるでしょう。

　いろんな難しい言葉や、かっこいい言葉、美しい言葉を知ることができます。

　もし、「この言葉だ！」というものに出会ったら、即座にメモして覚えることをおススメします。その言葉によって、つらいときに助けてもらえることもあるでしょう。

　また、先ほどいった「1人1つずつの世界」ですが、それは言葉で規定されています。ですから、いろんな言葉を知って、言葉の使い方も変わっていけば、世界の見え方も変わってきます。

　ここらへん、中学生には難しいかな。高校生以上の人は、ちょっとゆっくり考えてみてください。(＊3)

読書の3つの意味
③感受性が豊かになる（らしい）

　最後に、「感受性が豊かになる（らしい）」について。

　なぜ最後に「（らしい）」を付けたかといえば、僕自身、感受性という言葉が、いまいちよく理解できていないからです。

　いろんな人が言いますよね、感受性が豊かになる、って。でも感受性という言葉が定義されないまま使われているし、しかも僕もここで感受性という言葉を定義する自信もないので、「（らしい）」を付けました。

「感受性を豊かにする」という方々の言われる意見には僕も賛成です。

とはいえ、いま言ったように感受性というものがわからないので、ここでは、ある言葉を紹介するだけにします。

それは、レイモンド・チャンドラーの小説に出てくる言葉です。（＊4）

"If I wasn't hard, I wouldn't be alive. If I couldn't ever be gentle, I wouldn't deserve to be alive."

> **note 3**
>
> （＊3）言葉に関しては、読書だけでなく、落語もおススメです。最近は仕事が忙しくて行けませんが、大学時代は時間を見つけては寄席に通っていました。確実に語彙は増えますし、中世・近世の背景知識も知らず知らずに身につきます。そして何より、楽しい！　落語に関する本では、立川志らく著『落語進化論』（新潮選書）、立川談志著『人生、成り行き─談志一代記─』（新潮文庫）が印象的でした。最近出版された本ですので、読みやすいです。

> **note 4**
>
> （＊4）日本語訳では、清水俊二訳『プレイバック』（ハヤカワ文庫）を読みました。内容もおもしろいです。ハードボイルドな本って、身近にはないと思いますので、新鮮な印象を受けるのではないでしょうか。

和訳すると、「強くなければ生きていくことができない。優しくなければ生きていく資格がない」となるでしょう。

　僕は、ここに感受性の本質が隠れているんじゃないか、と思っています。

　皆さんも、じっくり考えてみてください。……ってすみません、なんか無責任で（笑）。

「読書って、結構大切なんだな」ということがわかってくれた次は、「じゃあ、どうやって読めばいいの？」という話に入ります。ここでは、5つだけ紹介します。

おススメの5つの読書法
①オリジナルの帯をつくる

　僕は、読書感想文というのが、小学生の頃からキライでした。
　先日、直木賞作家の志茂田景樹さんと対談させていただきました。志茂田さんも「読書感想文は大っきらい」とおっしゃっていました。なぜかといえば、読書感想文は「自由に書きなさい」とか言いながら「私は採点するからね。私が気に入る文章を書いてね」と言っているからだそうです。

　いわゆる、「空気、読みなさいね」というやつです。（＊5）

　読書感想文のような長いものだと、それがイヤで読書そのものがキライになる恐れがあります。

　そこで、紹介したいのは、楽しく感想文のようなものを書く作業、好きな本の帯をつくるということです。

本の帯を書いてみよう

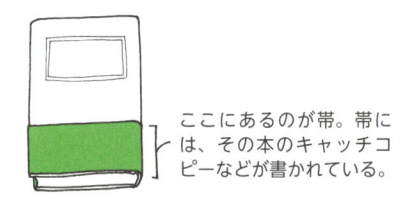

ここにあるのが帯。帯には、その本のキャッチコピーなどが書かれている。

　オリジナルの本の帯です。別にキャッチーなものを書く必要はありません。

　自分がその本を読んで、「ここを誰かに伝えたい！」と思うことを書けばいいのです。

　この「伝えたい！」という気持ちを引き出すものとして、帯づくりは有効です。

おススメの5つの読書法
②じっくり考えて、短い感想文を書く

　読書感想文は、3行くらいなら楽しめると思っています。
　短ければ短いほど、頭を使います。

note 5

（＊5）僕は本当に読書感想文がキライでした。いまでも好きではありません。稚拙な文章を書いている僕がいうのもおかしな話ですが、文章力をつけるのであれば読書感想文よりも要約のトレーニングをしたほうがいいです。読書感想文のために無理やり読んだ1冊、心に残る可能性はほぼゼロに近いですよね。推薦図書も、必ずしもおもしろいものばかりじゃないし……。

マーク・トウェインの有名な言葉で、"I didn't have time to write a short letter, so I wrote a long one instead."(「短い手紙を書く時間がなかったので、長い手紙になってしまいました」)というのがあります。(＊6)

短い文章のほうが、難しいんですよね。でも、楽しい。

思いつくままにダラダラと長い感想文を書くのではなく、じっくり考えて、3分くらいで一気にまとめる作業がおもしろいですよ。僕もブログなどで書くときは、あまり長くならないように気をつけています。

おススメの5つの読書法
③「いつか読みたい本リスト」をつくる

これは尊敬している有名な国語の先生、大村はま先生が授業で実践されていたことです。

別にいま、難しい本や、「これ読めるようになったら、かっこいいな」という本を読めなくても、自信を失わなくていいのです。いま読めないということは、これからも読めないということを意味しません(これはとても重要なことです)。いつかチカラがついて読

> **note 6**
>
> (＊6) 余計な言葉を使わず、自分の意を短く表現するのって、もはや職人芸だと思います。もし興味があれば、高浜虚子著『俳句の作りよう』(角川ソフィア文庫)を読んでみてください。奥が深くて溜息が出ますよ。俳句という17文字に比べると、日常的な僕らのフリートークは、まったくもって美しくない気がしてきます。

めるようになることを信じて、リストにしておくとよいのです。む しろ、それがチカラをつける第一歩かもしれません。

おススメの５つの読書法
④古典に挑戦する

古典って聞くだけで、身震いする人もいるかもしれません。

別に「古文を読め」と言っているのではありませんよ。現代語訳でいいのです。

古典とは、「いま売れている本」ではなく、「ちょっと前」とか「ずっと前」から売れてきた本です。

売れ続けるという本には、必ずワケがあります。

それだけ、多くの人の心をつかんできたわけです。

「時のふるいにかけられた」という表現を使う人もいますが、まさにその通りです。

やや難しいけど、挑戦できなくもない本の中から、いくつかおススメを挙げます。

中国の古典でいえば、『論語』や『菜根譚』でしょう。『論語』は有名ですが、僕はアマノジャクなので『菜根譚』を読みます。

西洋では、パッと頭に浮かぶのはリチャード・バックの『かもめのジョナサン』（五木寛之訳／新潮文庫）が好きです。まだ40年くらい前の本ですから、古典とはいえないかもしれませんけど。読んでいるだけで強い生命感が身体に湧いてきます。小学生の国語の教材で読んだのですが、大学院生になったいまでも、繰り返し読んでいます。小学生の時に読んだものを、いまでも読んでいると不思議な気持ちになるのですが、よい本というのはそういうものなのでし

ょう。『かもめのジョナサン』は、これから先も読み直す気がしています。(＊7)

日本のものなら、それこそ100冊くらいになってしまいます。小説だと川端康成、太宰治、三島由紀夫、キリがありません。あえて、小説はハズしましょう。

そんでもって、勢いで1冊選んでしまうとすれば、『君たちはどう生きるか』(吉野源三郎/岩波文庫)でしょうか。

これは僕が中学時代に読んで「ふーん」と思った本ですが、いま読み返してみると、「ゲゲゲ！」と思う本です。思想家としての吉野先生は好きということはないですが、とにかくこの本は名著だと思います。この本を38歳で書いた吉野先生は、「異常」です。本当に。(＊8)

おススメの5つの読書法
⑤反論してみる

読書に関しての本で、ビックリするほど勉強になったのが2冊あ

note 7

(＊7) あと、最近読んでおもしろいなと思ったのは、10年程前にフランスで流行ったフランク・パヴロフの『茶色の朝』(藤本一勇訳/大月書店) です。これも古典ではありませんね。政治色がやや強くて、言い過ぎな感じもしますが、高橋哲哉先生の解説も、一読の価値アリです。「思考停止をやめよう」と訴えるこの本を読んで、ザ・ブルーハーツの「爆弾が落っこちる時 何も言わないってことは 全てを受け入れることだ」というフレーズを思い出しました。ブルーハーツなんて、もうみんな知らないかな？「リンダリンダ」のバンドです。

ります。

『本を読む本』(M.J. アドラー　C.V. ドーレン／外山滋比古、槇未知子訳／講談社学術文庫)

『読書について』(ショウペンハウエル／斎藤忍随訳／岩波文庫)

　前者は読書という行為を「これでもか！」というくらい分析的に、後者は批判的に書いてあります。

　ここで紹介したいのは、後者(『読書について』)なのですが、そこには、こう書かれてあります。

「読書は、他人にものを考えてもらうことである。1日を多読に費やす勤勉な人間は、しだいに自分でものを考える力を失って行く」

　なんとまぁ、重くのしかかる文章でしょう。
　読書のネガティブな面があるとすれば、ここでしょうかね。
　あまり難しく考える必要はないと思いますが、「鵜呑(うの)みにする」のではなく、ときには反論をしてみるのも、有効な読書法の1つです。

　以上、5つの読書法を紹介しました。

note 8

(＊8) リベラルな方の本ばかりおススメしていると、僕もリベラルな人間だと勘違いされるかもしれませんが、それは違います。非常に日本が大好きな人間ですし。そもそも、僕ら世代は、右派とか左派とかはもはや関係ない世代です。だからこそ、思想などは抜きにして、よい本はよいものとしておススメしています。

とはいえ、最も大切にしてほしいのは、楽しむことです。
本を好きになってしまえば、しめたものです。

　1人だと続かない人も多いですから、友達も巻きこみましょう。
　読書に関して議論してみるといいでしょう。
「ねぇ、最近おもしろい本、あった？」を口癖に、周りのみんなでよい読書習慣をつけてもらえると嬉しいです。

おわりに

　この本は、「受験テクニック本」ではなく、「勉強について考える本」でした。
　読み終わってくださった方、その意味が少しでもご理解いただけたでしょうか。

　この本をきっかけに、勉強に関して悩んで考えて、行動して悩んで、また考えて行動して、そして悩んで……そんな繰り返しをしてもらえたら嬉しいです。

　初めて本を書いたのは、22歳のときでした。
　いまは僕は24歳ですが、この年齢で本を書き続けるということは、とてもスリリングな行為です。
　これで3冊目になるわけですから、3回もスリルを味わったことになります。

　人様の前に出て評価を受けるには早すぎる年齢かもしれません。
　多くの大人の方々と比べて、経験が少ないのは事実です。
　でも、おそらく、若いうちにしか書けないものもあると信じています。
　中高生とギリギリ「同世代感覚」を持てるいまだからこそ、書けるものもあるのではないか、と。

だから僕は、全国の中高生のために、文章を書き続けようと思います。

　社会は一人一人の能力の総和で成り立っています。
　少しでも良い社会になることを願いながら、僕も努力を続けたいと思います。

　この本を書くにあたって、多くの方にお世話になりました。
　実務教育出版の堀井太郎さんには限りないお力添えをいただきました。

　いつもお世話になっている東京大学大学院教授の田中智志先生、母校の海城学園中学校・高等学校の学習指導部長である春田裕之先生にも御礼を申し上げます。

　経営者の大先輩であるオンキヨーの大朏時久様、私塾界の山田未知之様、作曲家の菅原直洋様、東急不動産の五島順様、そして塾経営に関して並々ならぬご指導をいただいているティープロ算数の香取輝忠代表にも、アドバイスをいただきました。そして、青森県三戸町教育委員会教育長の友田博文様、主幹の馬場幸治様にもご指導を賜りました。ありがとうございました。

　さらに、小田圭介、長江政孝、八尾直輝、尾上太郎、松橋俊輔、岸誠人、渡邉健太郎、菊池里紗、長谷川桂紬、桑山巧己、佐藤大地、飯田淳一郎、浄泉和博、樽田貫人をはじめとする約60人のプラスティーのスタッフたち。いつも支えてもらえて、とても心強く思っ

ています。

　最後に、育ててくれた両親と2人の兄に、心よりの感謝の意を表します。

2012年3月
いままで出会ったすべての子どもたちに感謝しながら
清水章弘

清水章弘（しみず あきひろ）

1987年千葉県船橋市生まれ。2011年東京大学教育学部を卒業し、東京大学大学院教育学研究科に進学。
海城学園中学・高校時代に生徒会長、サッカー部、応援団長、文化祭実行委員などを経験しながら東京大学に現役合格。大学では、体育会で週5日（1日5時間）練習するかたわら、2008年の20歳の時に株式会社プラスティーを設立。若手起業家としても注目を集め、2009年に「NEXT ENTREPRENEUR 2009 AWARD」優秀賞を受賞。
著書『習慣を変えると頭が良くなる』『勉強がキライなあなたへ』（以上、高陵社書店）は2冊ともAmazon学習指導部門ランキング1位を獲得。中国、台湾、韓国で翻訳されている。

■主なメディア出演実績

日本経済新聞（電子版）、日経産業新聞、週刊女性、デーリー東北、福島民報、プレジデントFamily、AERA with Kids、小五教育技術、ROLMO、POPEYE、テレビ朝日「学生HEROES!」、J-WAVE「Make IT 21」

■主な講演会実績

鹿沼東高等学校（栃木県）、淑徳巣鴨高等学校（東京都）、四谷中学校（東京都）、海城学園中学校・高等学校（東京都）、東京都市大学等々力高等学校（東京都）、拓殖大学（東京都）、上智大学（東京都）、筑波大学附属小学校（東京都）、市川市立第二中学校（千葉県）、東京女学館中学校・高等学校（東京都）、那須高原海城高等学校（栃木県）、福栄小学校（千葉県）、斗川小学校（青森県）、杉沢小学校（青森県）、杉沢中学校（青森県）、三戸小学校（青森県）、三戸中学校（青森県）、三戸高等学校（青森県）

絵本の読み聞かせワークショップで子どもたちと

自分でも驚くほど成績が上がる勉強法

2012年5月5日　初版第1刷発行
2014年11月10日　初版第5刷発行

著　者　清水章弘
発行者　池澤徹也
発行所　株式会社 実務教育出版
　　　　163-8671　東京都新宿区新宿1-1-12
　　　　電話　03-3355-1812（編集）　03-3355-1951（販売）
　　　　振替　00160-0-78270

印刷／日本制作センター　　製本／東京美術紙工

©Akihiro Shimizu 2012　　Printed in Japan
ISBN978-4-7889-1053-9　C0037
本書の無断転載・無断複製（コピー）を禁じます。
乱丁・落丁本は本社にておとりかえいたします。

好評発売中！

高校生や大人が読んでもためになる！

13歳のキミへ

花まる学習会代表
高濱正伸【著】

[ISBN978-4-7889-5908-8]

テレビ「情熱大陸」「カンブリア宮殿」「ソロモン流」に登場し、ラジオ、新聞、雑誌でもひっぱりだこの高濱先生の話題の書。メシが食える大人になるためには何を身につければいいのか？　若いみんなの不安や疑問に答えます。

実務教育出版の本